I0697677

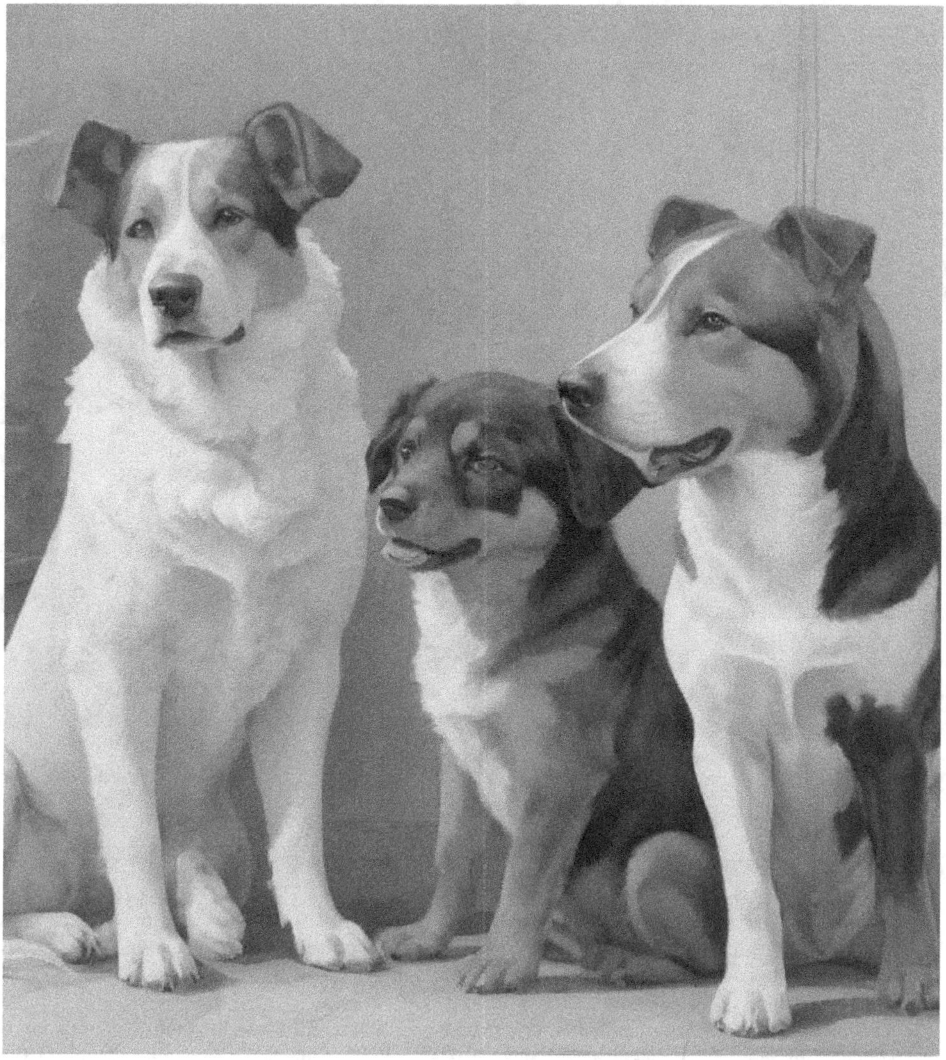

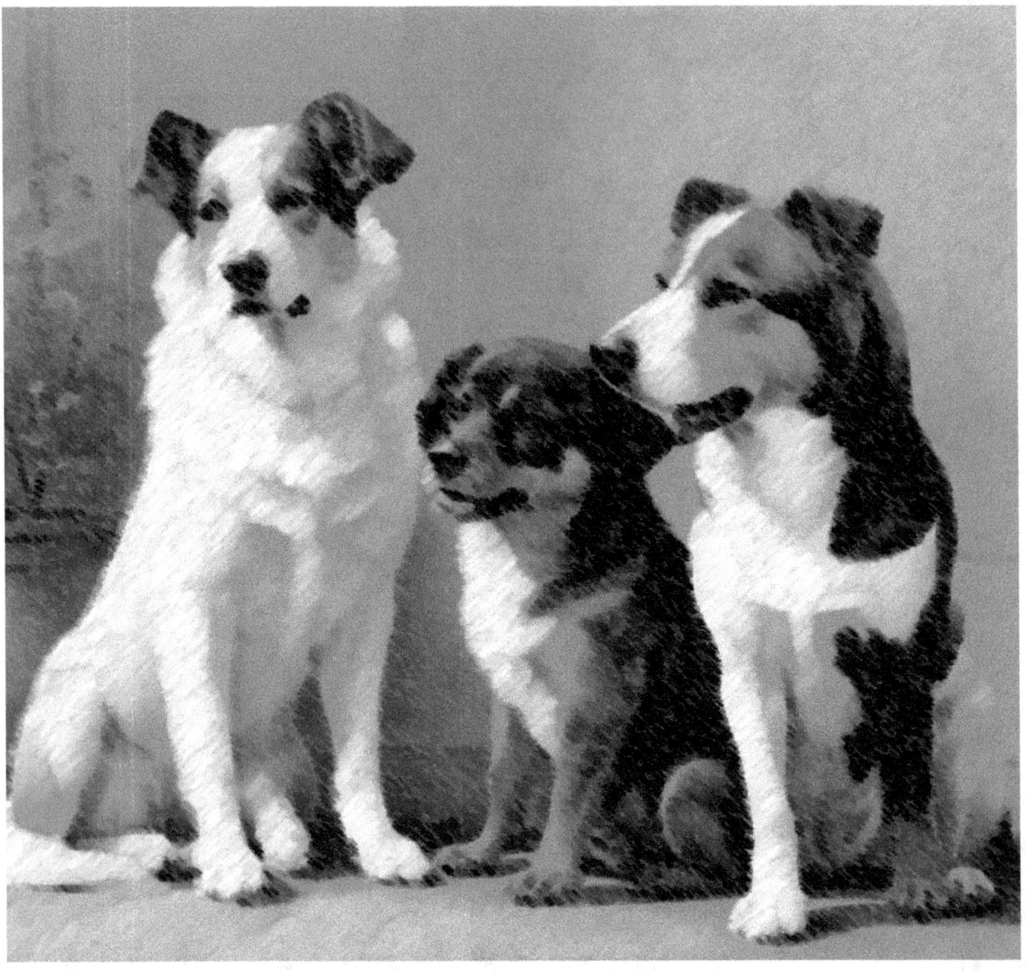

Caro(a) Amante de Cães,

É com grande alegria que lhe dou as boas-vindas a este livro especial, dedicado aos nossos leais amigos de quatro patas - os cachorros! Aqui, você encontrará uma coleção de ilustrações cativantes, prontas para serem preenchidas com suas cores e imaginação.

Os cachorros têm um lugar especial em nossos corações, com sua lealdade incondicional, personalidades vibrantes e alegria contagiante. Neste livro, convido você a mergulhar em um mundo onde cada página é uma homenagem à diversidade desses seres adoráveis.

Ao colorir estas imagens, você estará dando vida a momentos de felicidade, energia e afeto que os cachorros nos proporcionam todos os dias. Deixe sua criatividade fluir enquanto você pinta e dá vida a cada rabisco.

Agradeço por se juntar a nós nesta jornada artística e espero que este livro traga sorrisos, momentos relaxantes e inspiração para o seu dia a dia.

Divirta-se colorindo!
Com carinho,
Iago Arêdes

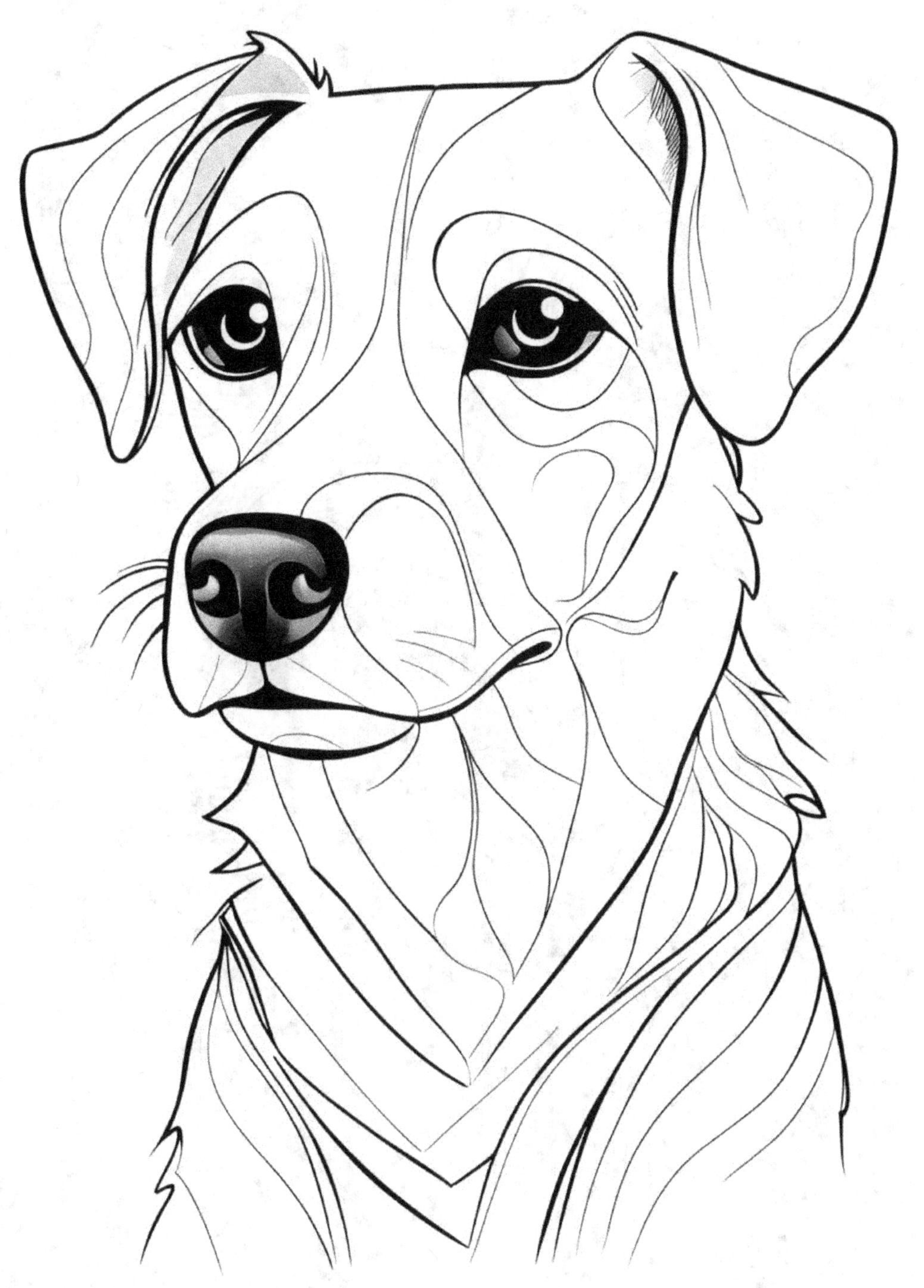

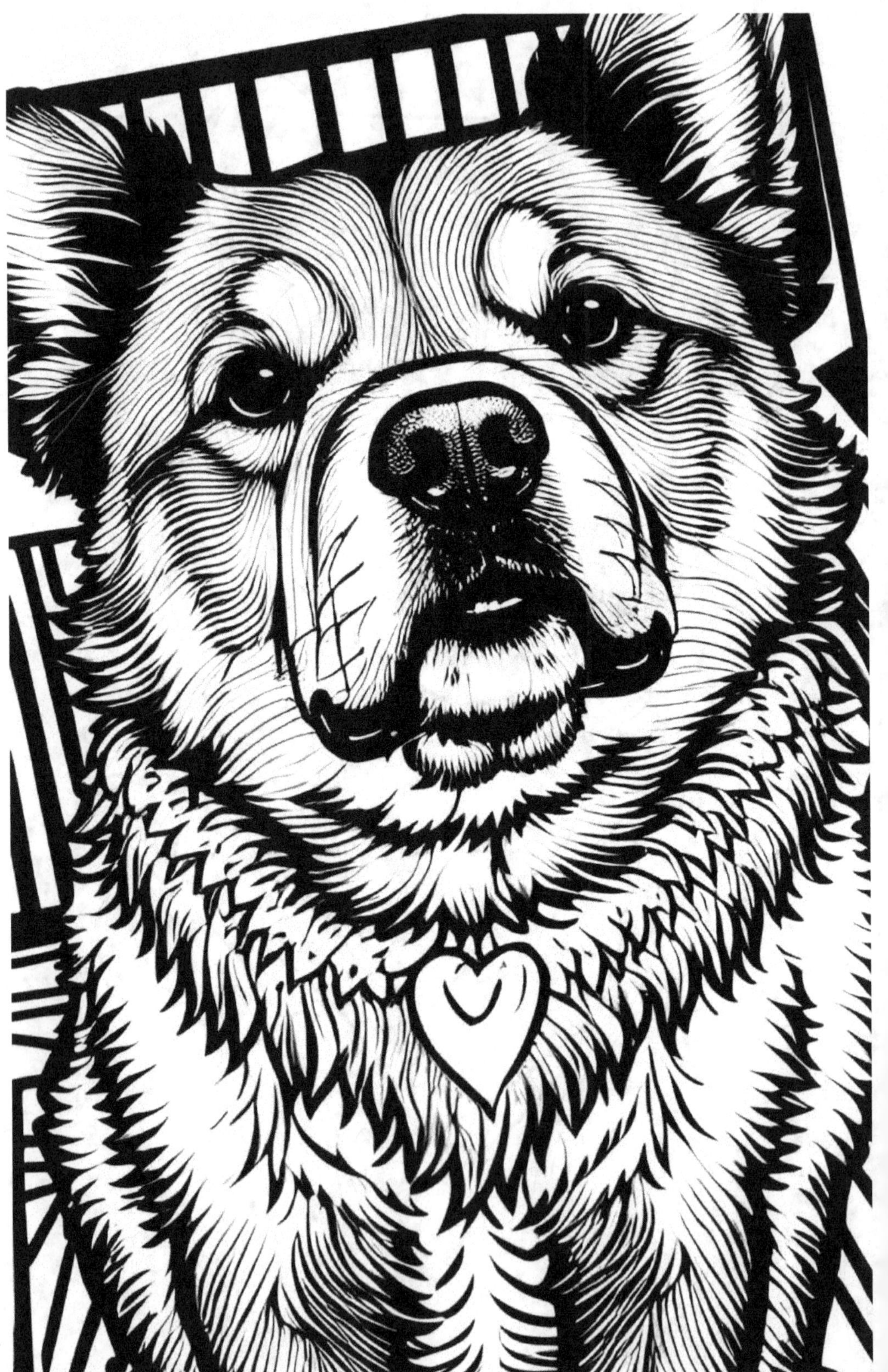

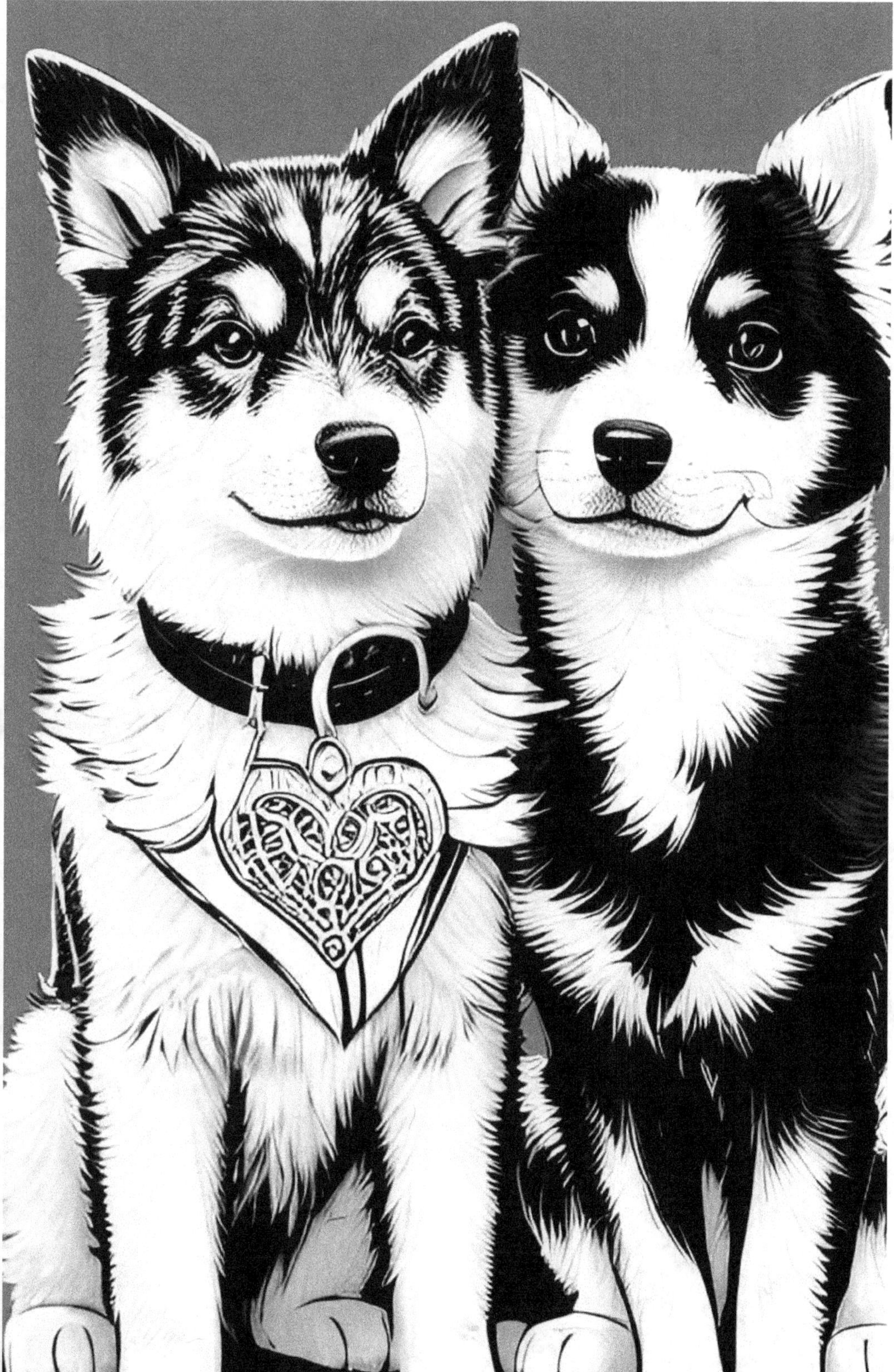

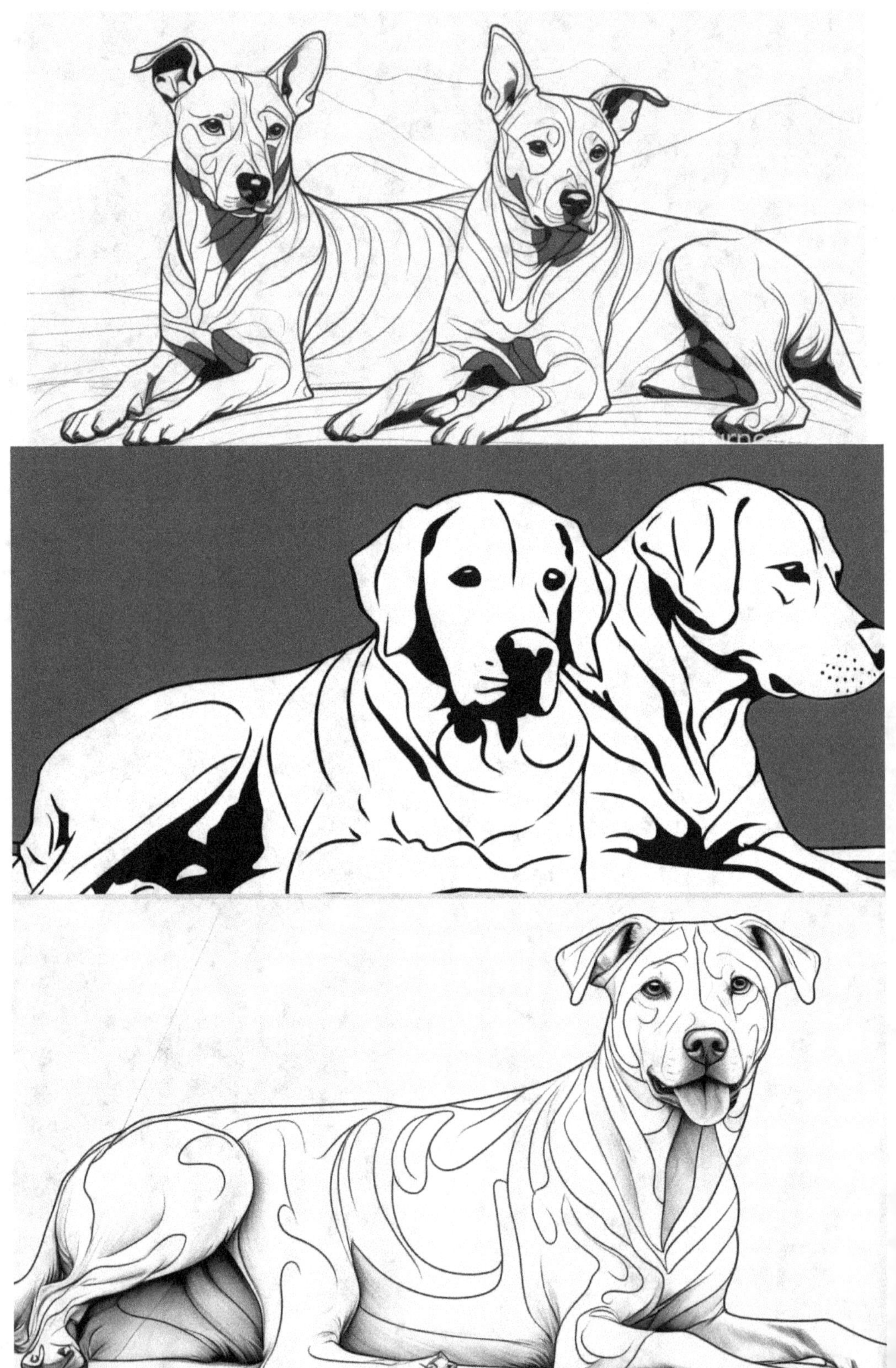

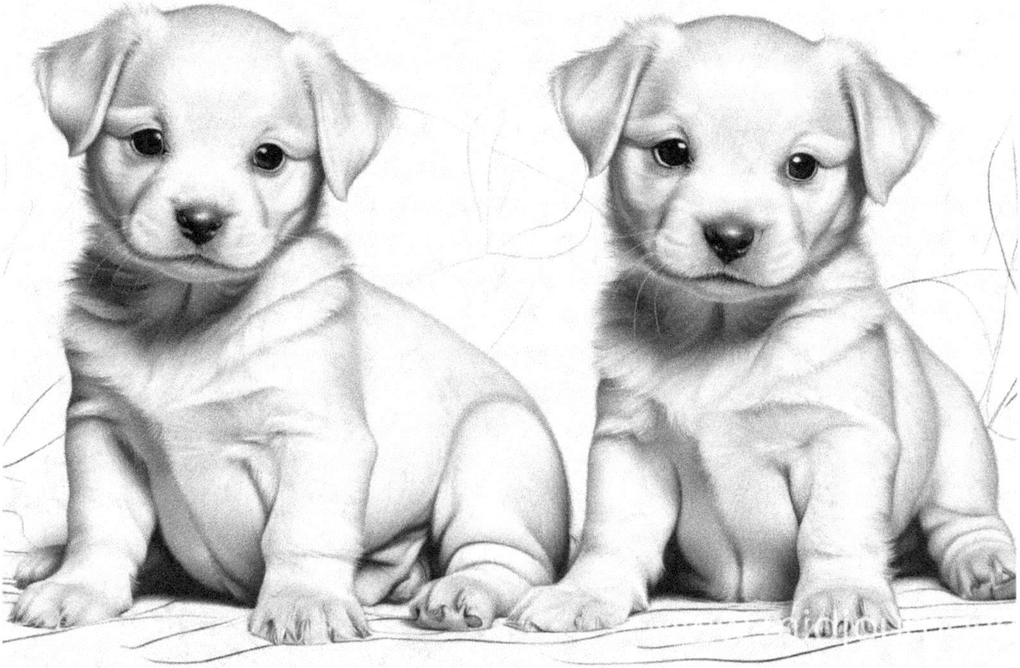

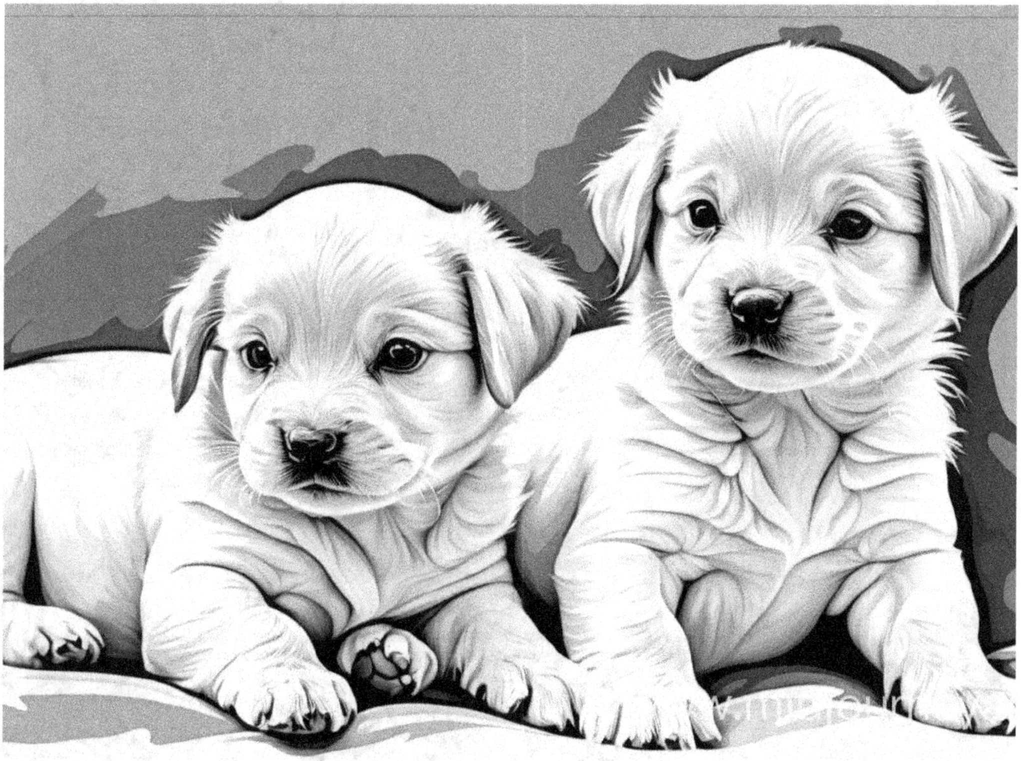

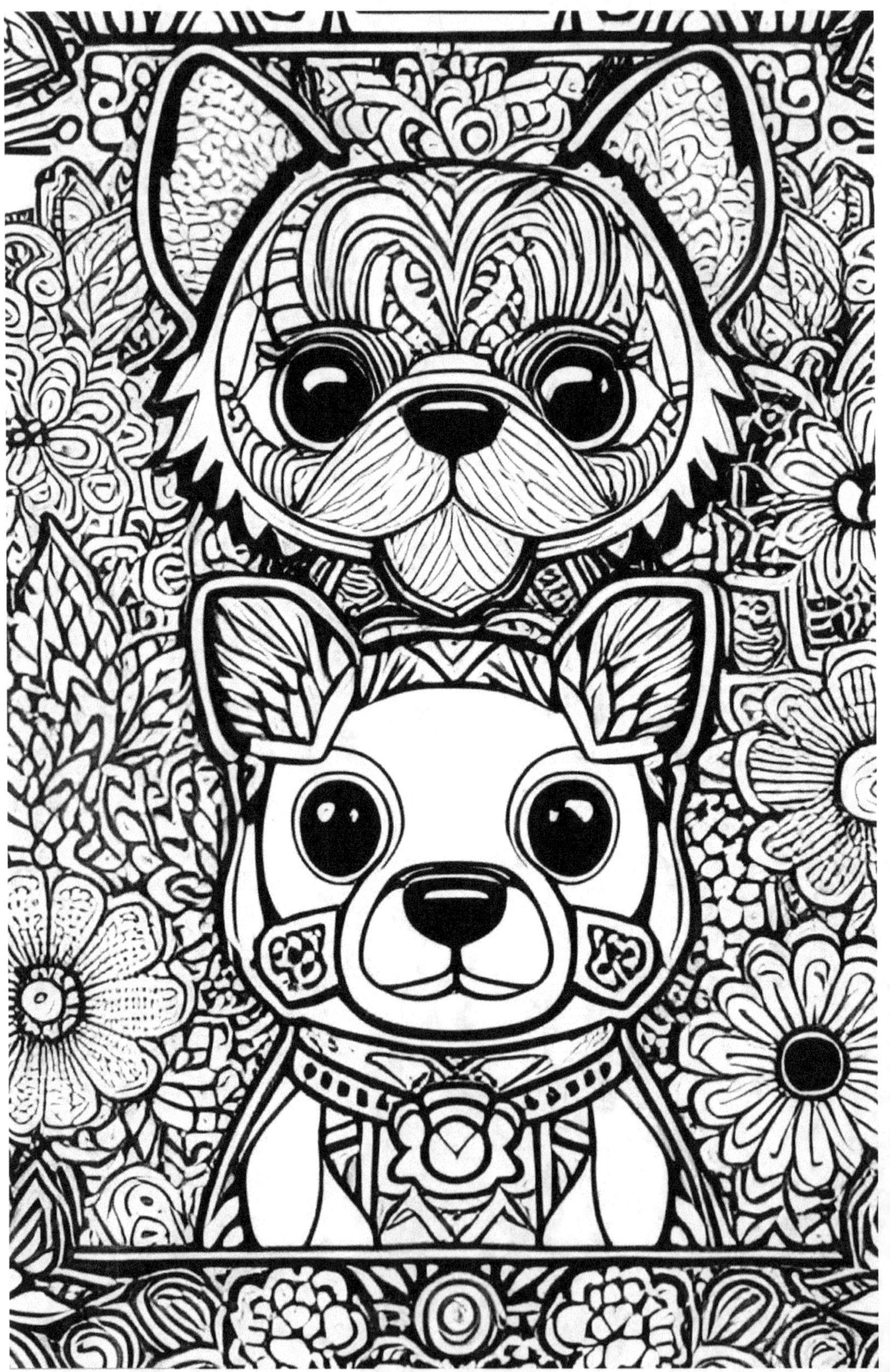

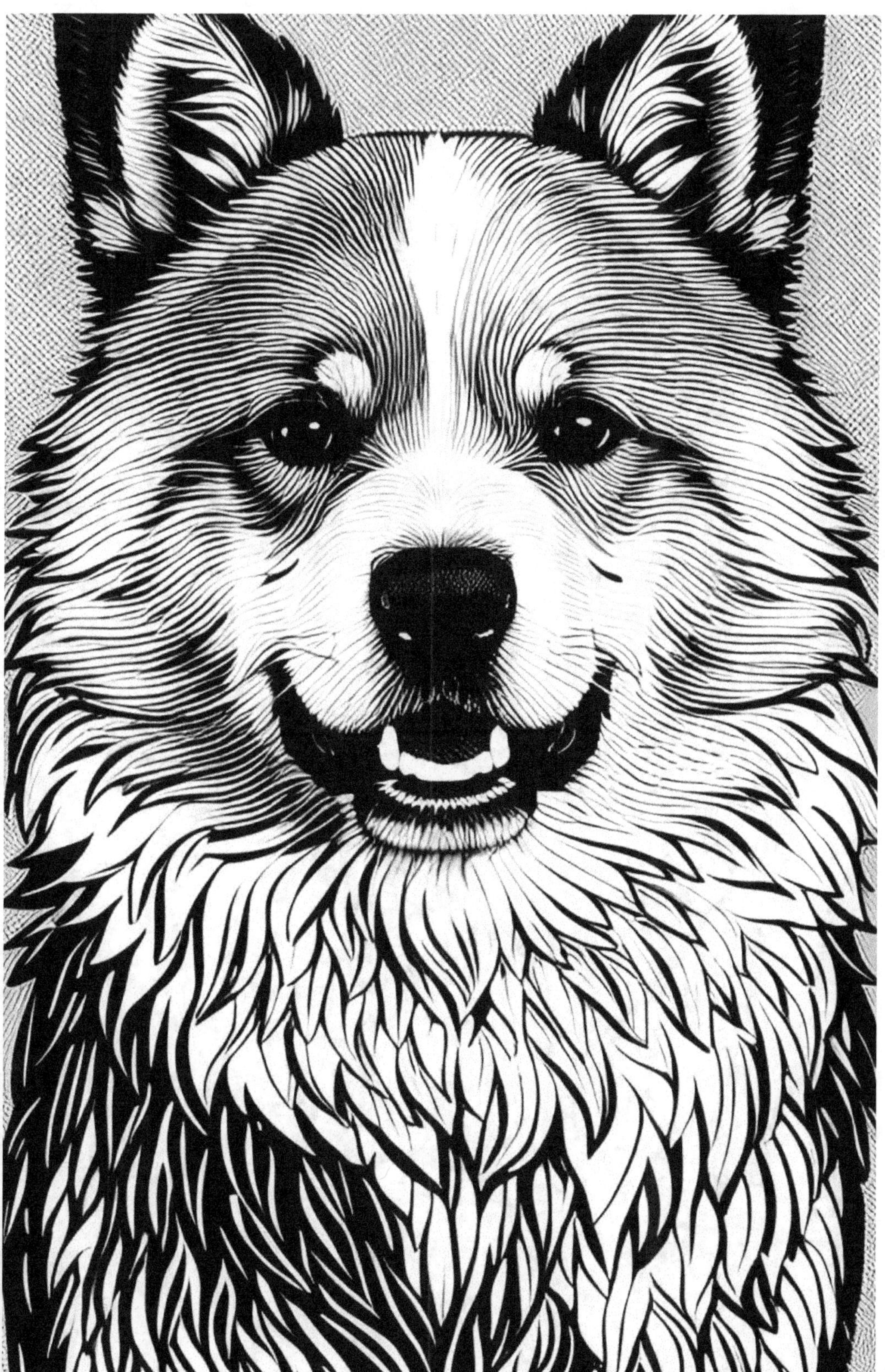

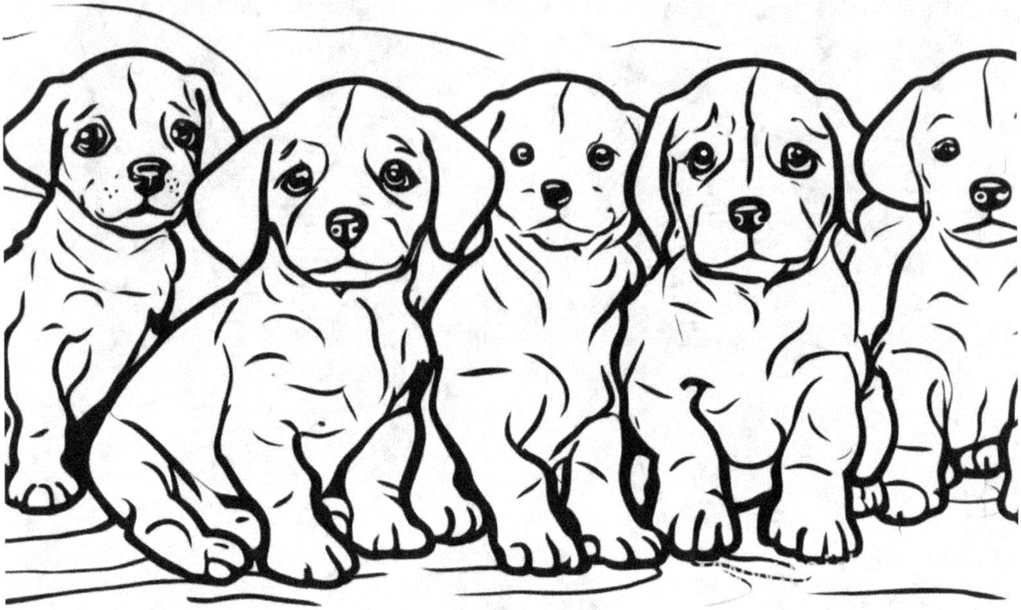

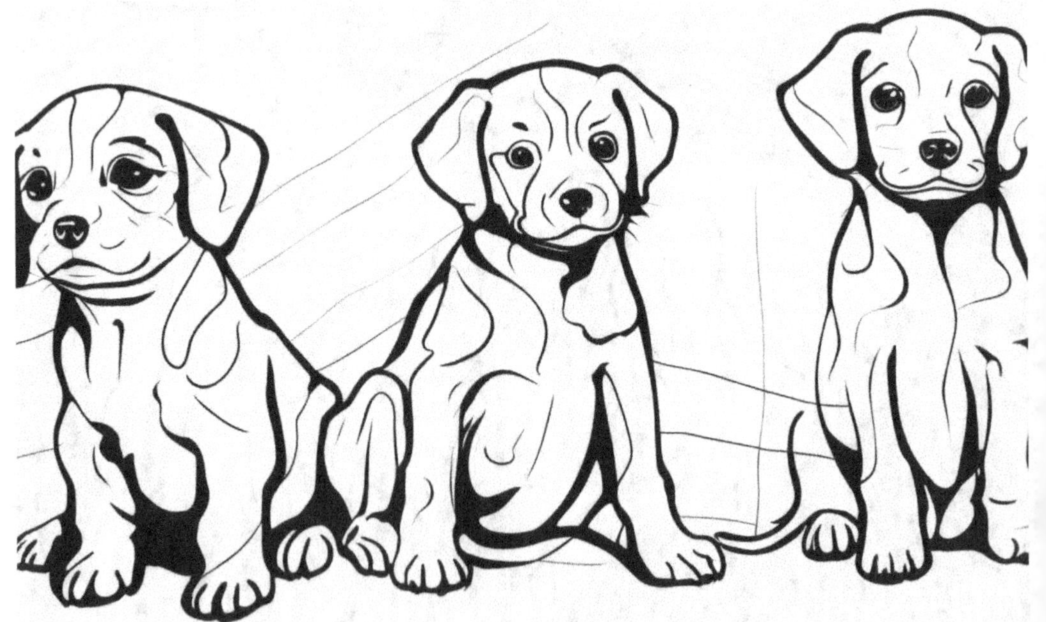

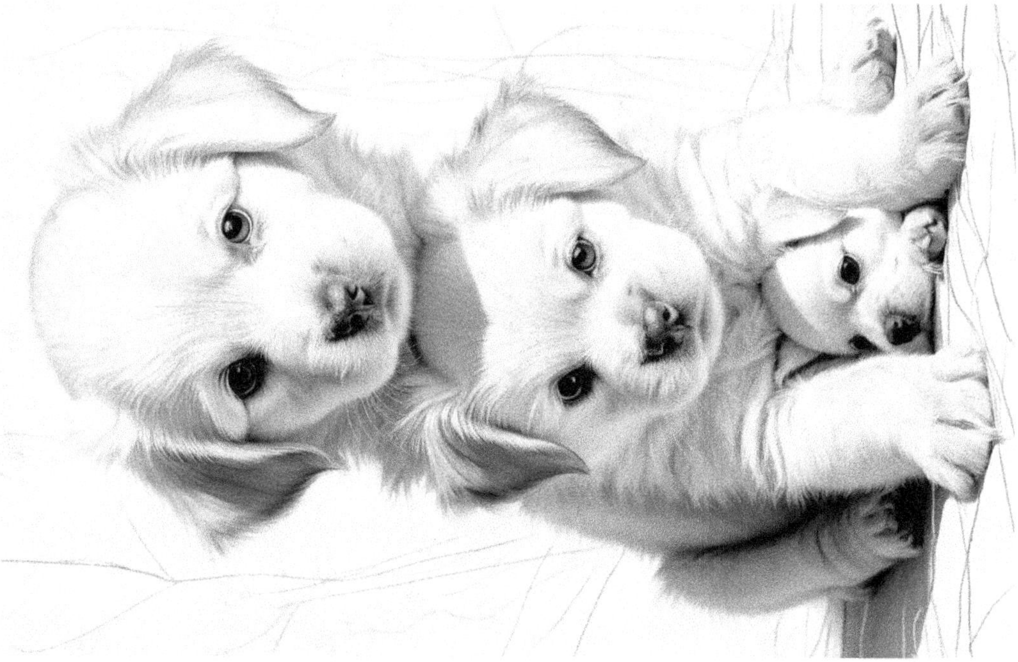

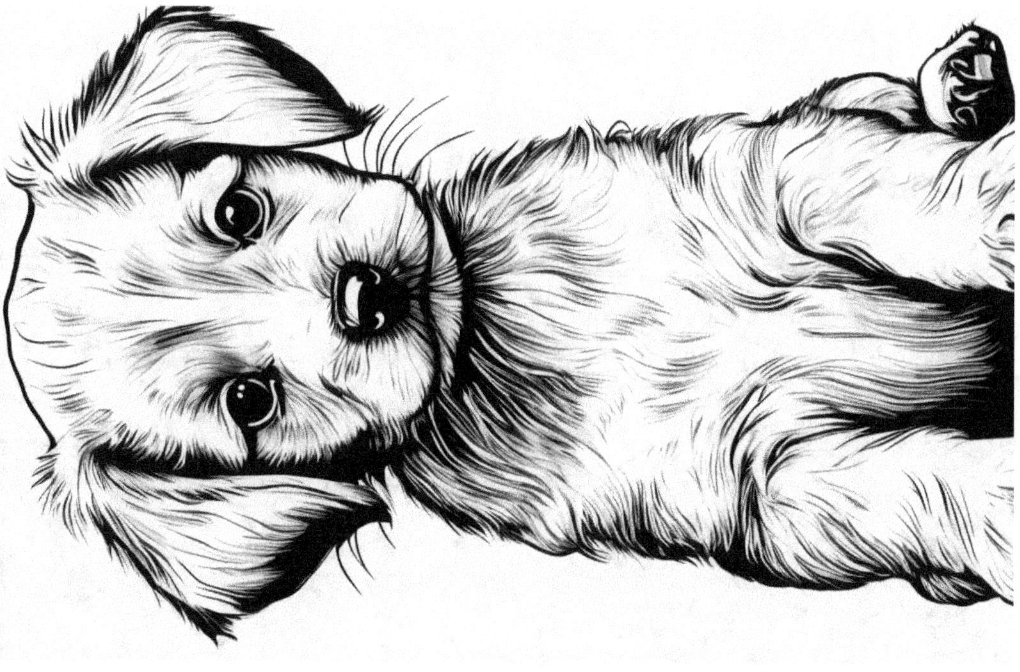

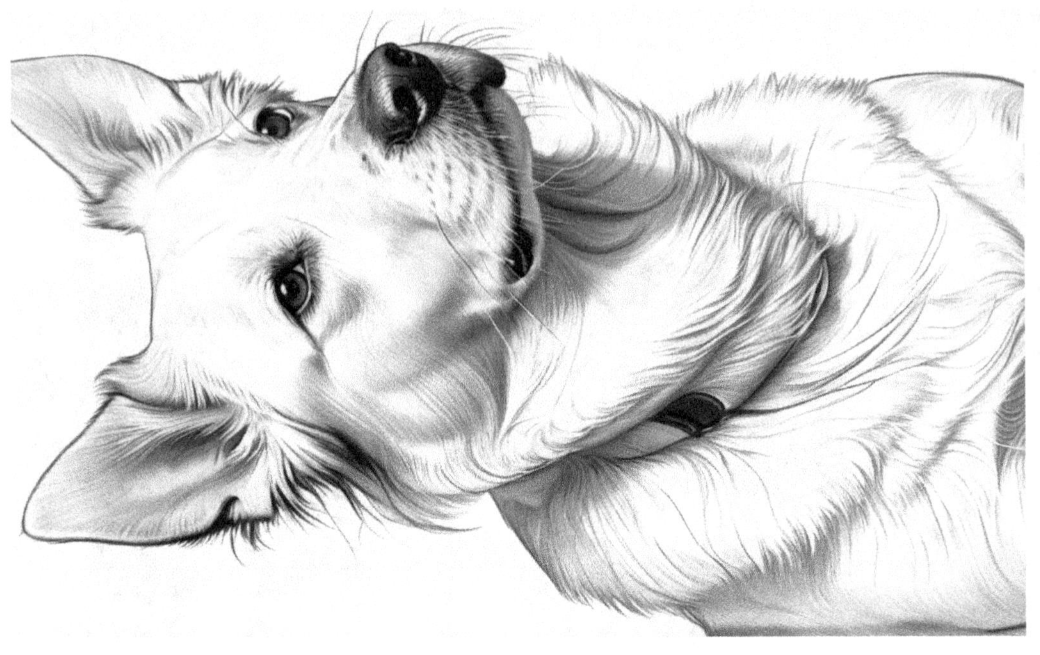

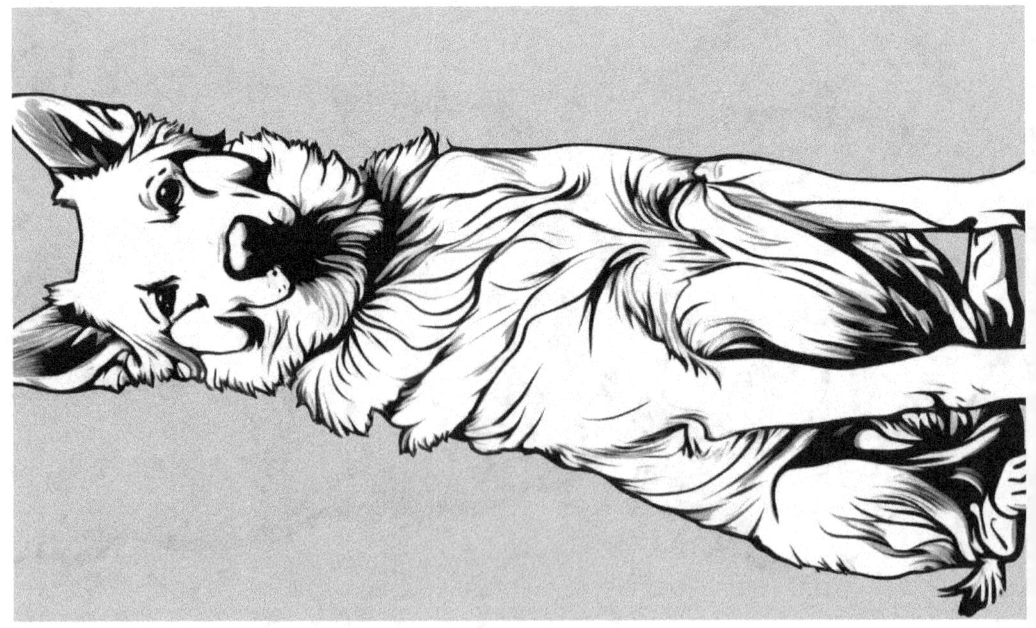

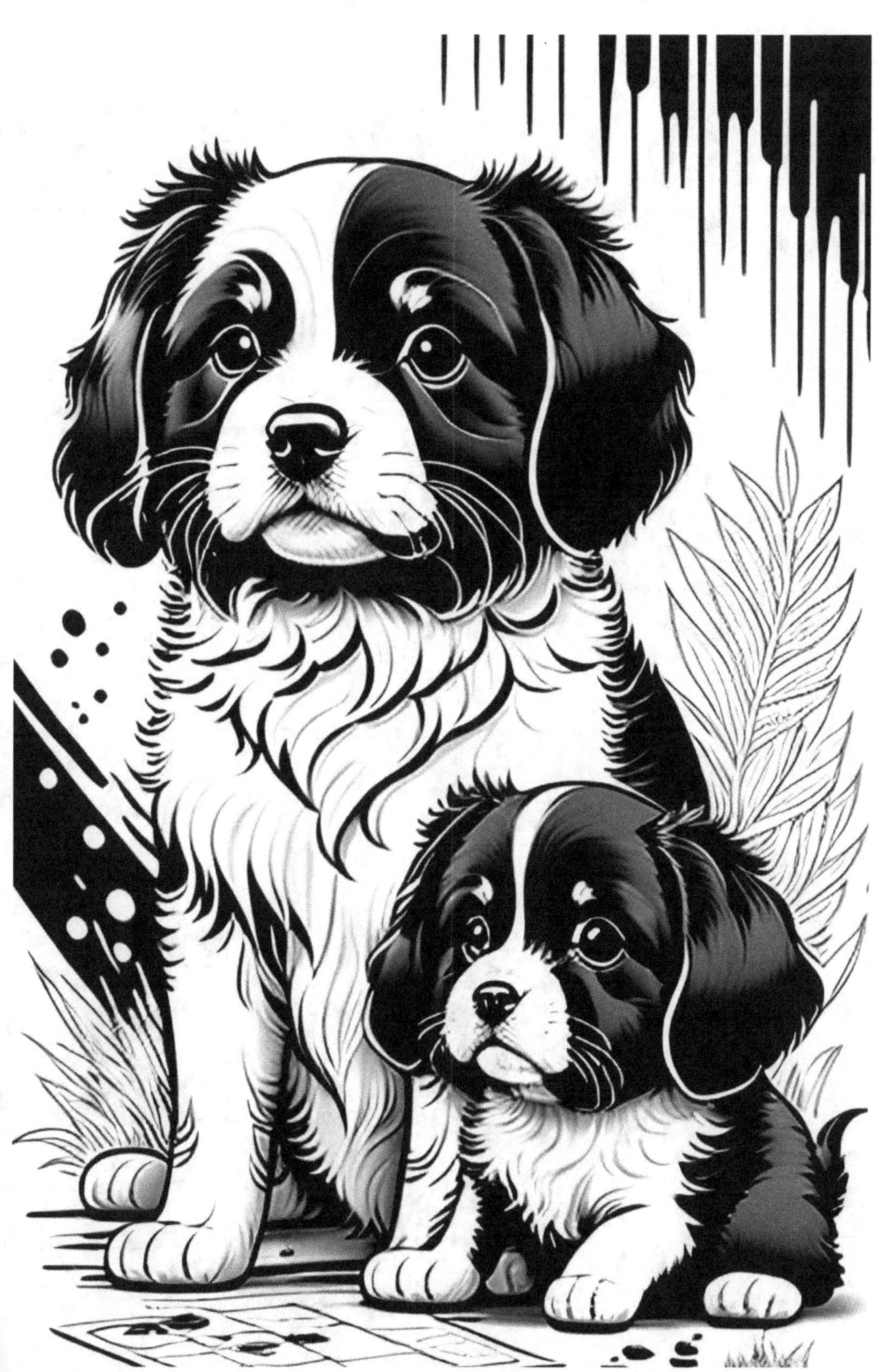

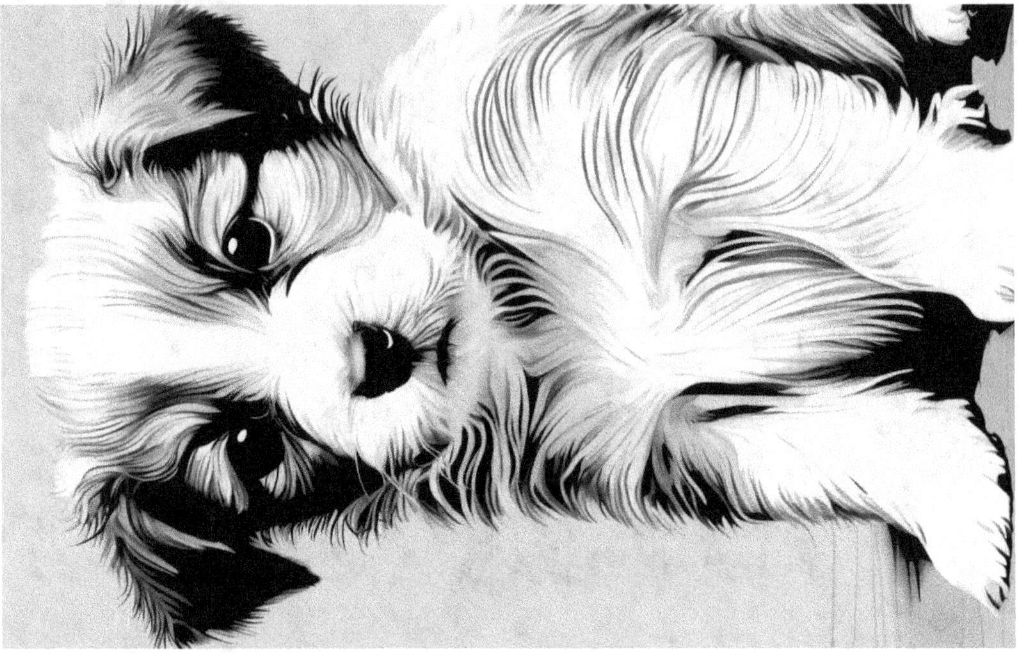

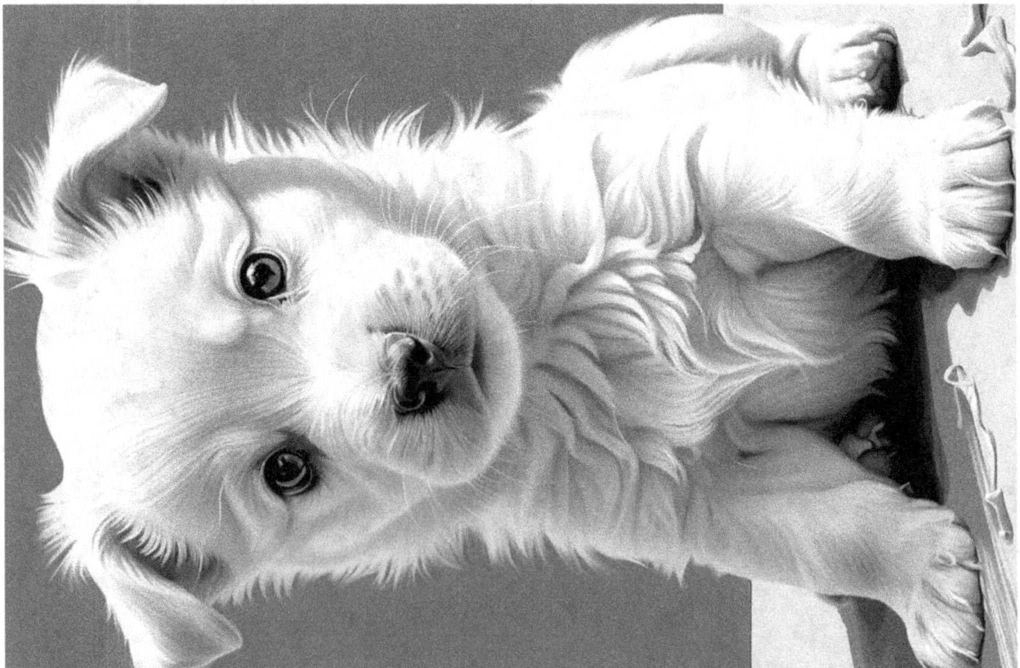

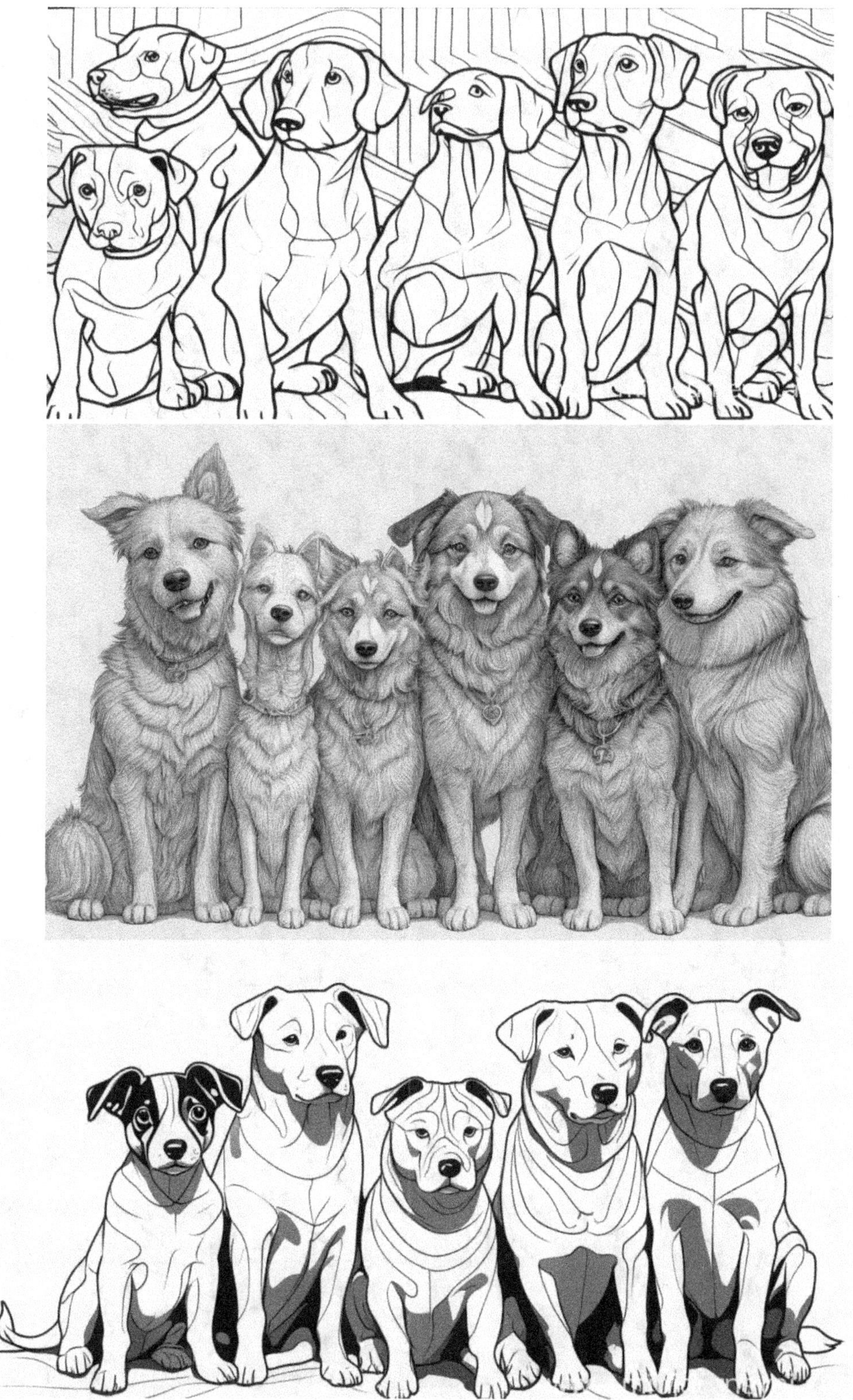

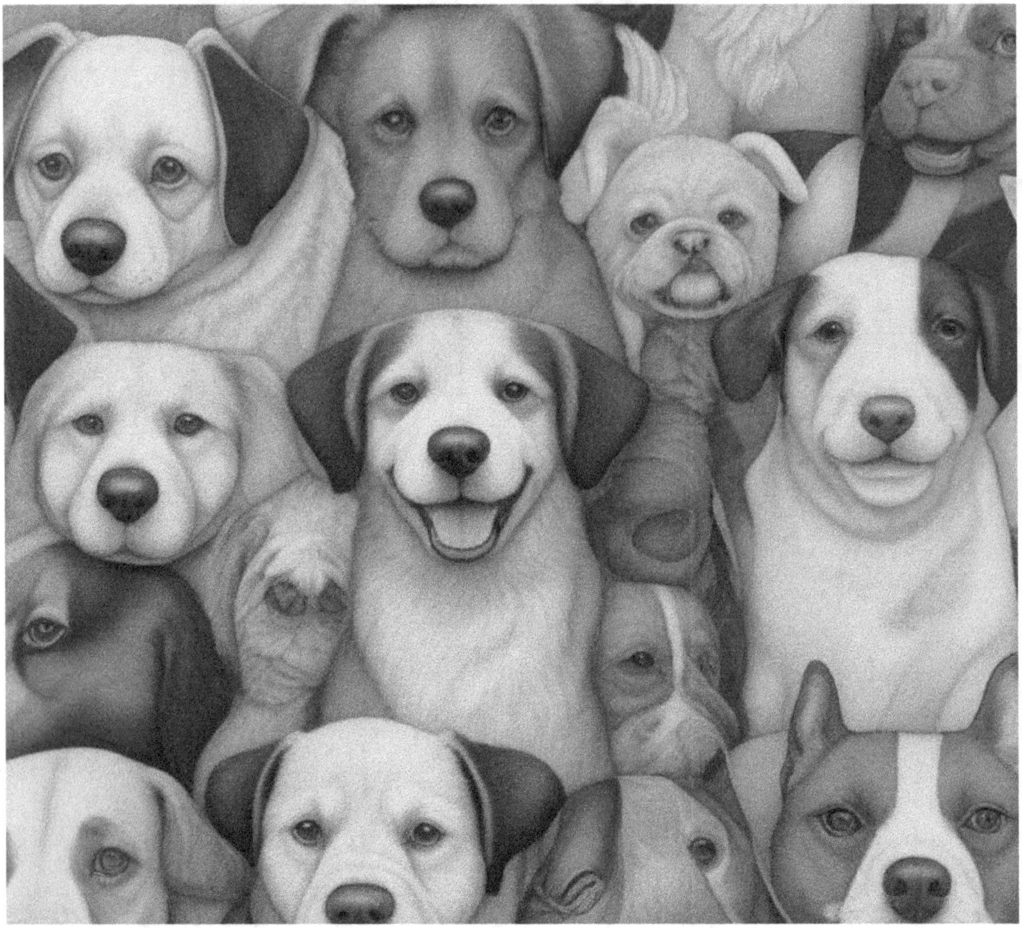

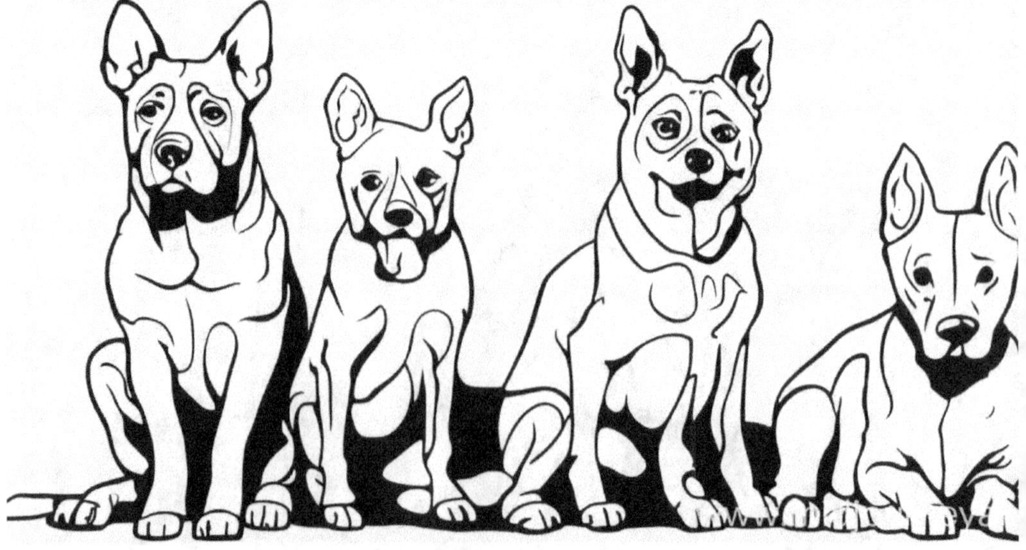

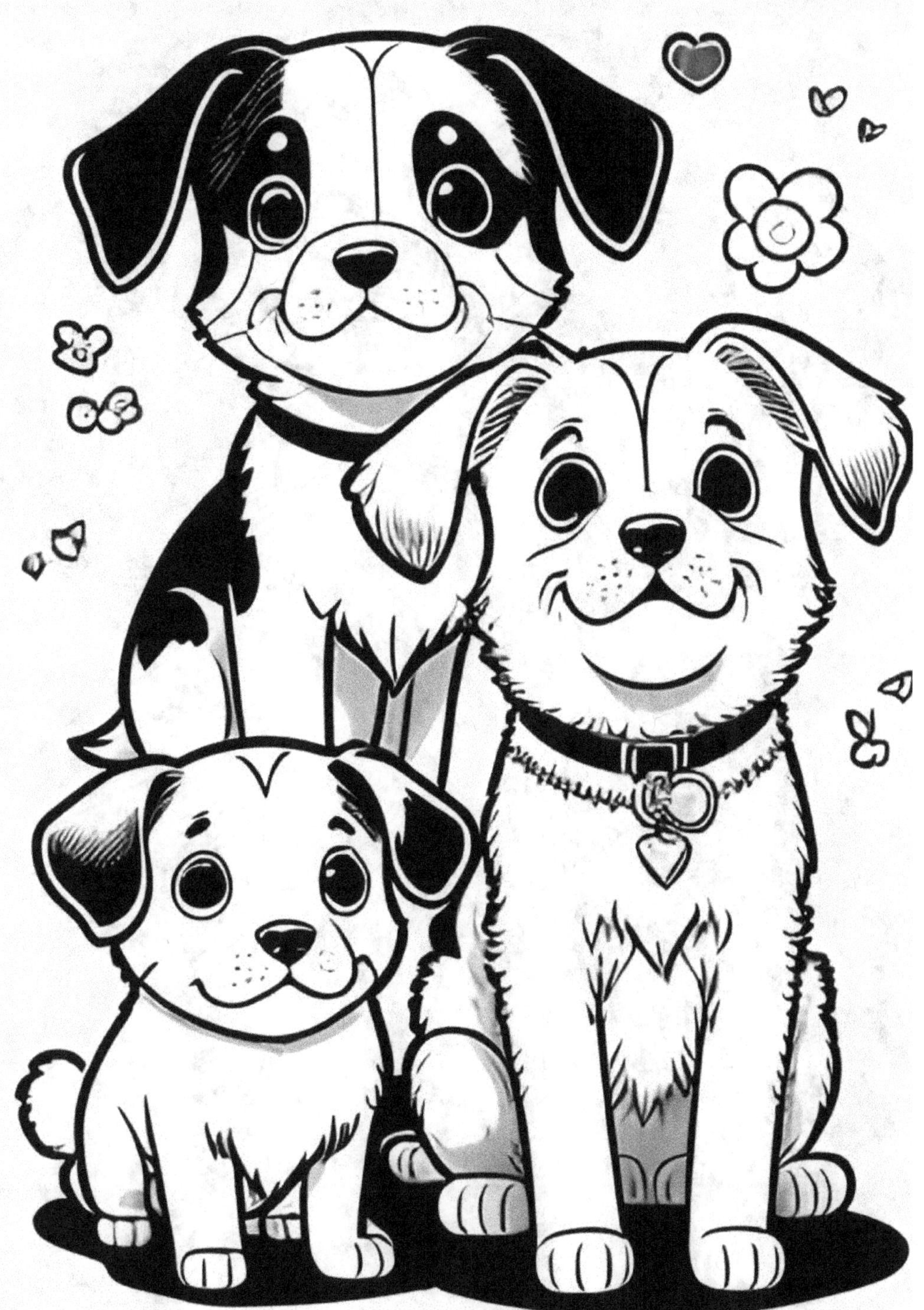

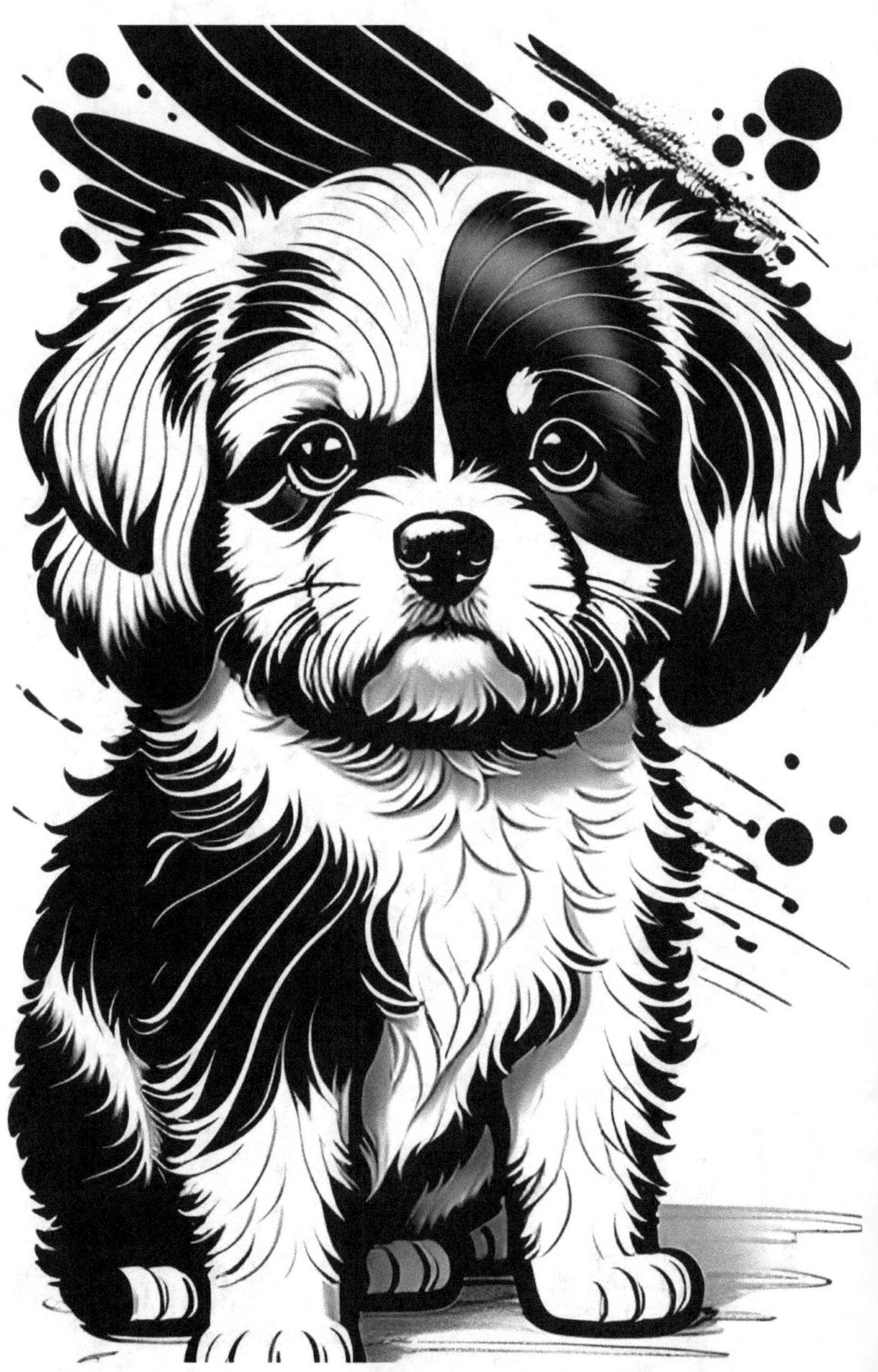

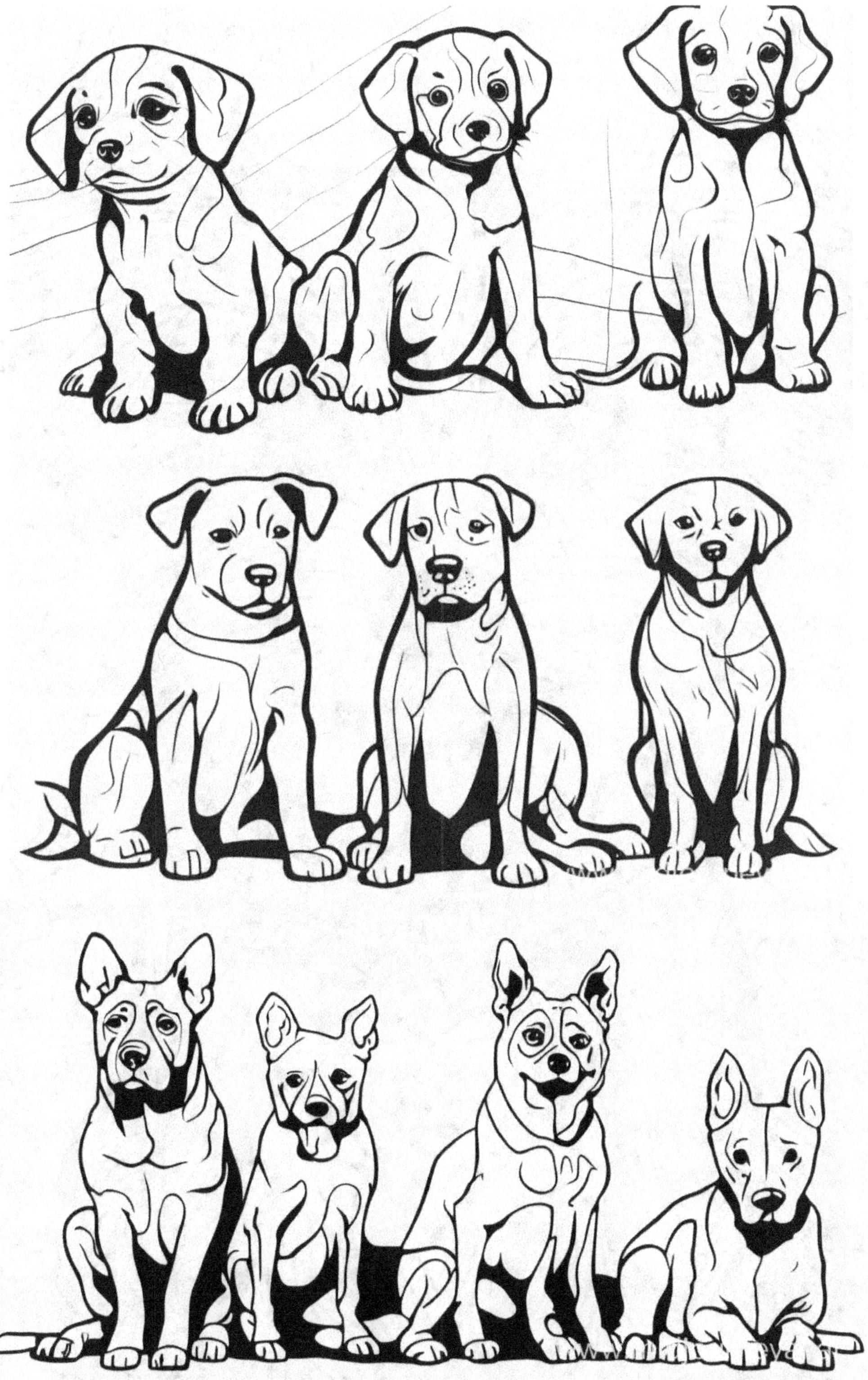

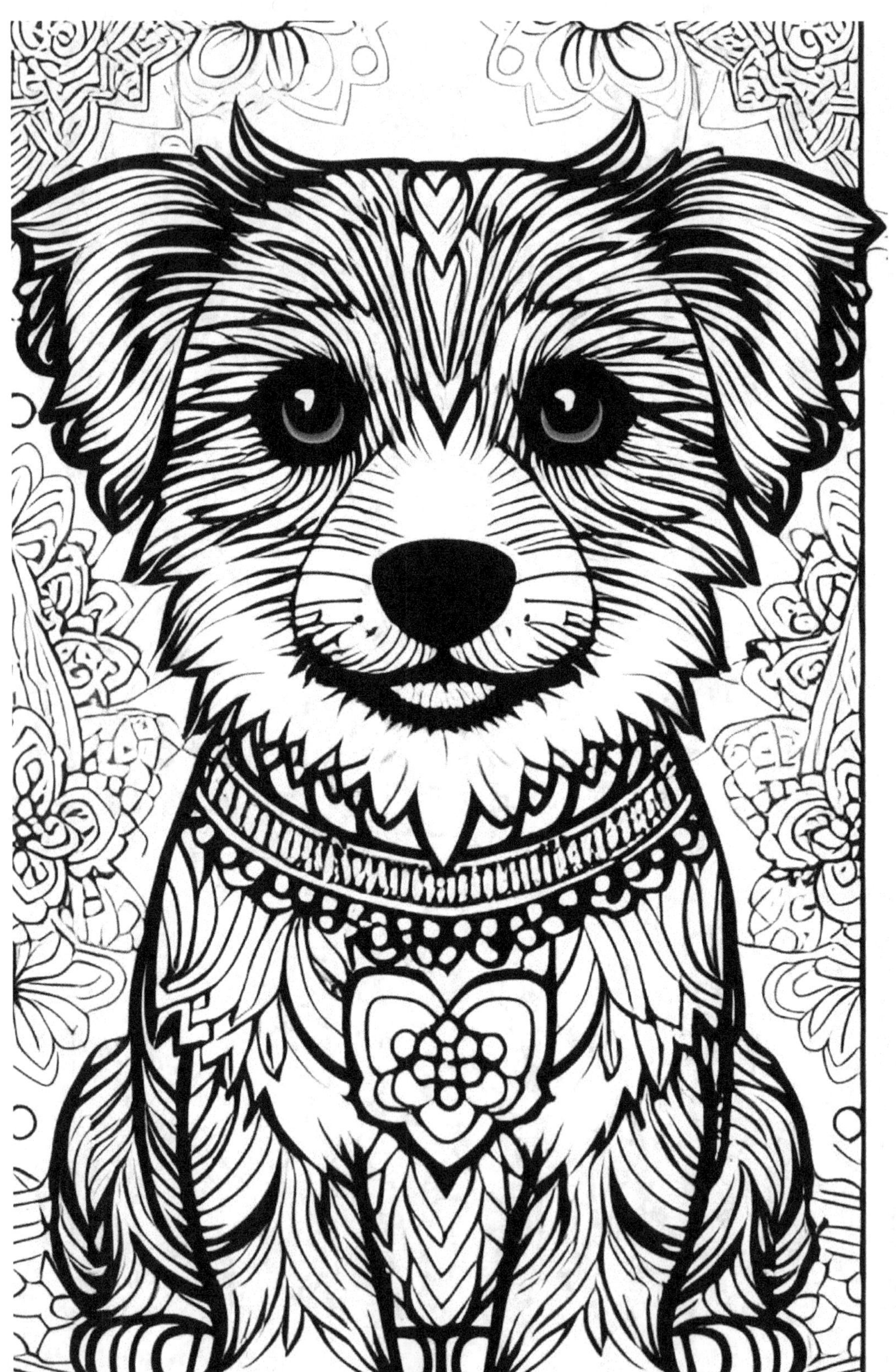

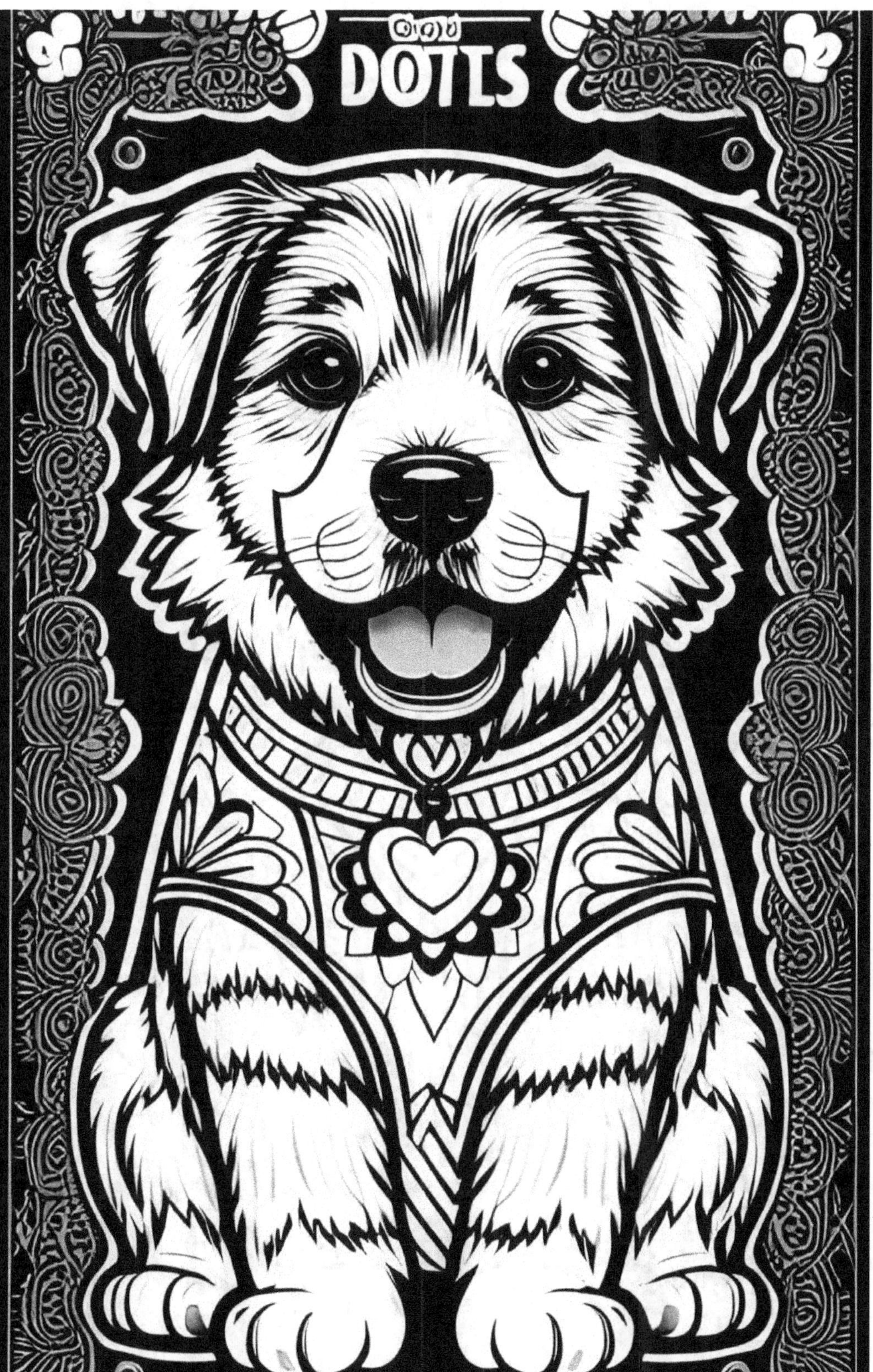
DOTS

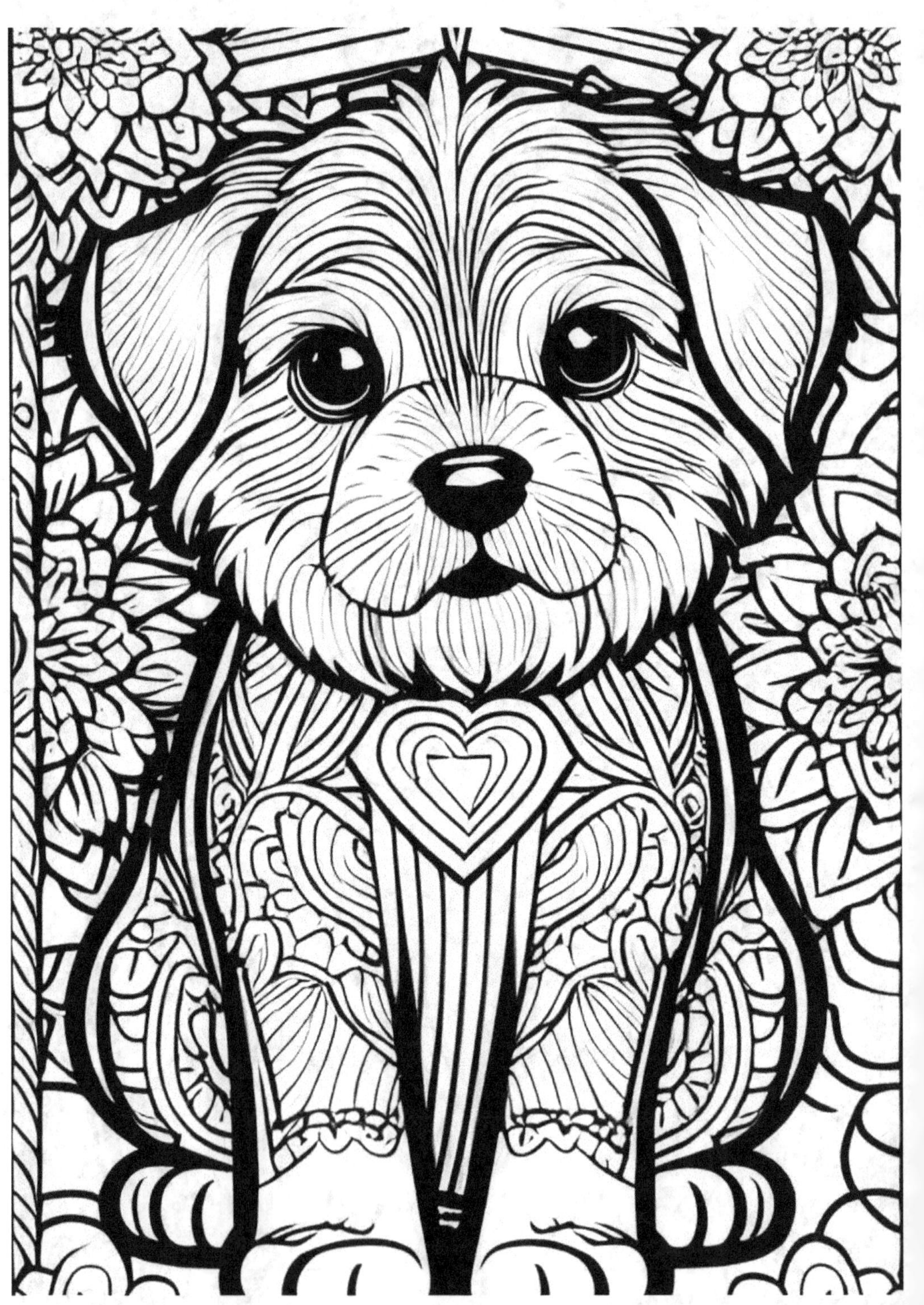

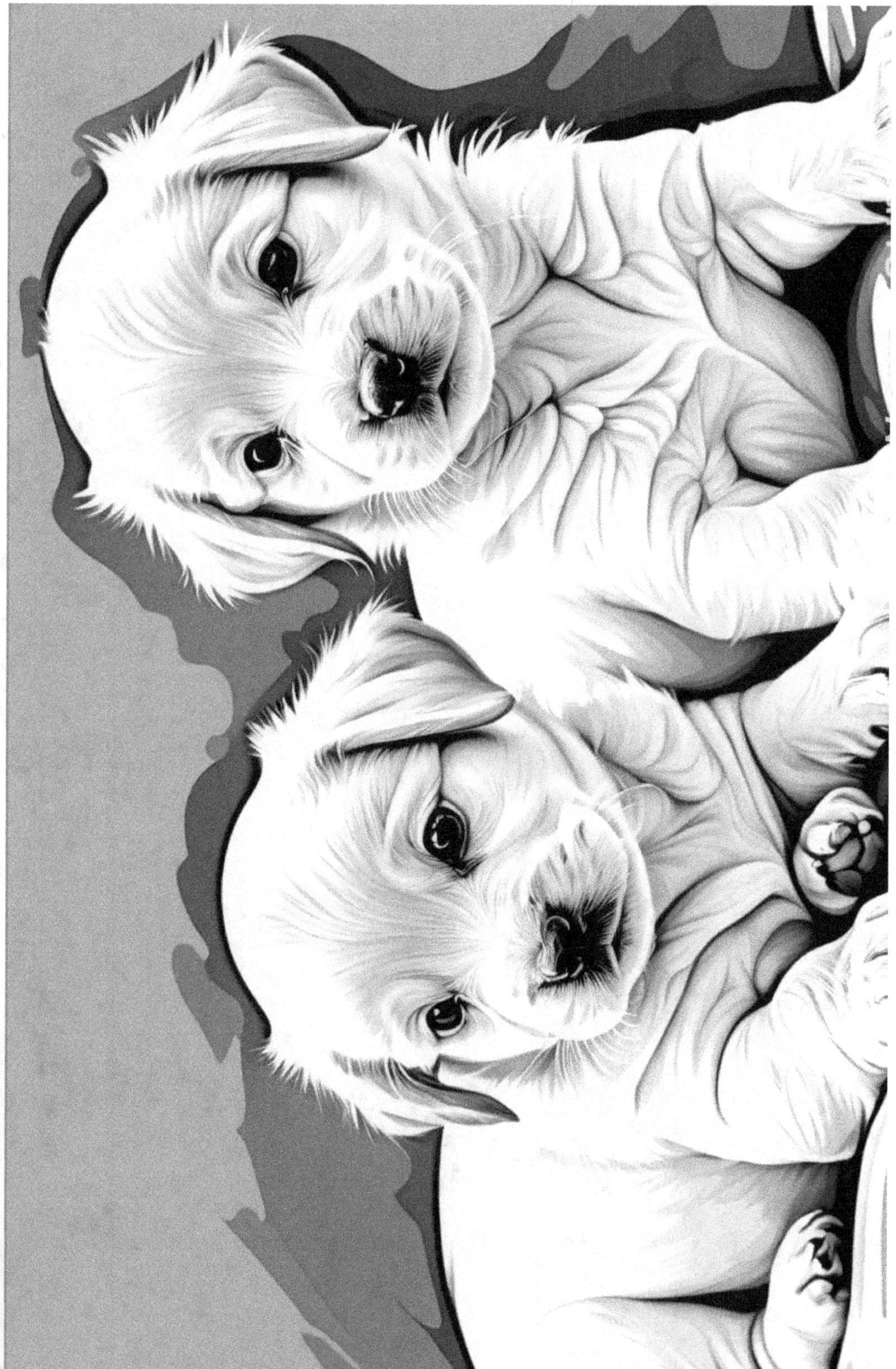

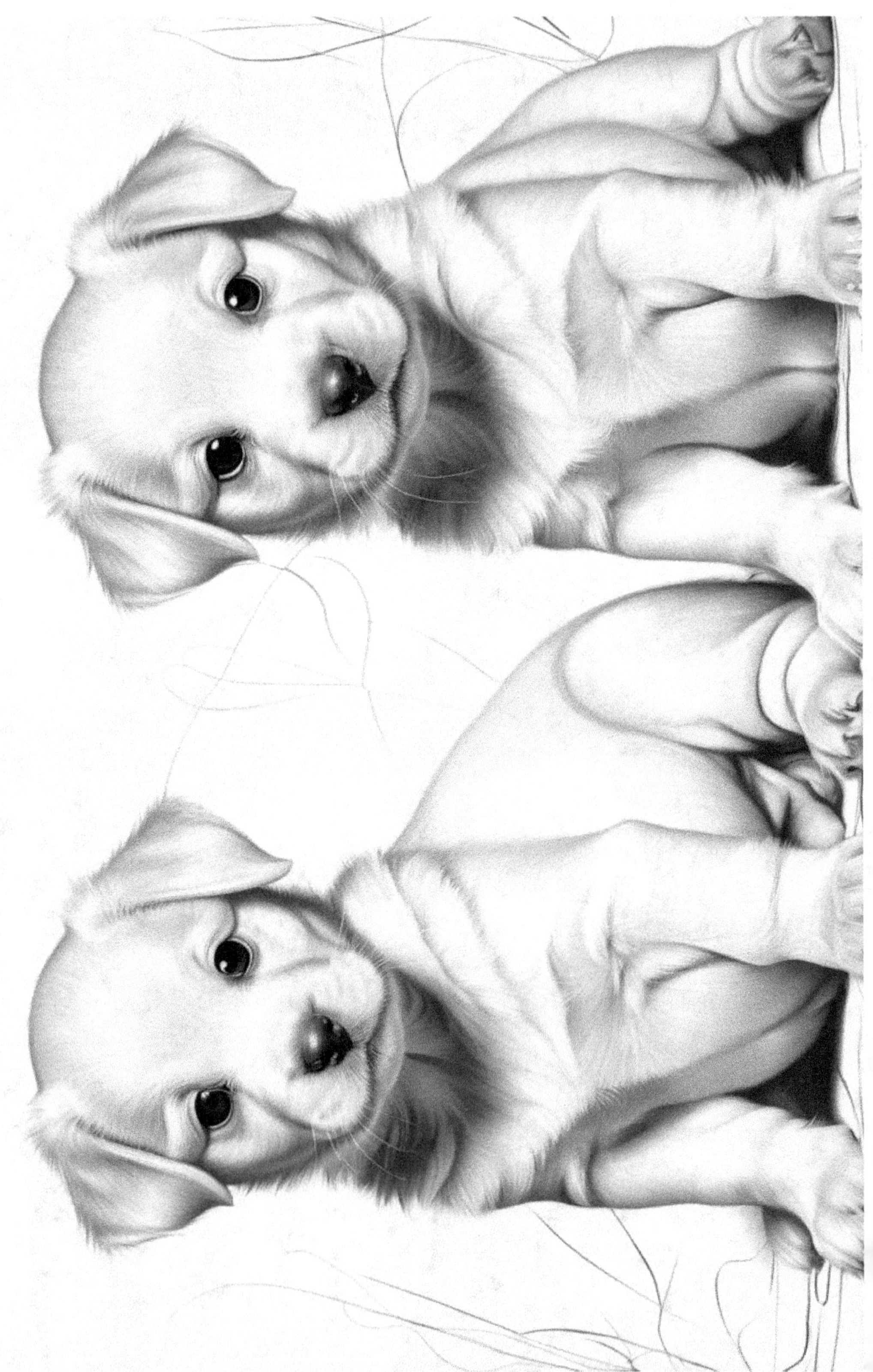

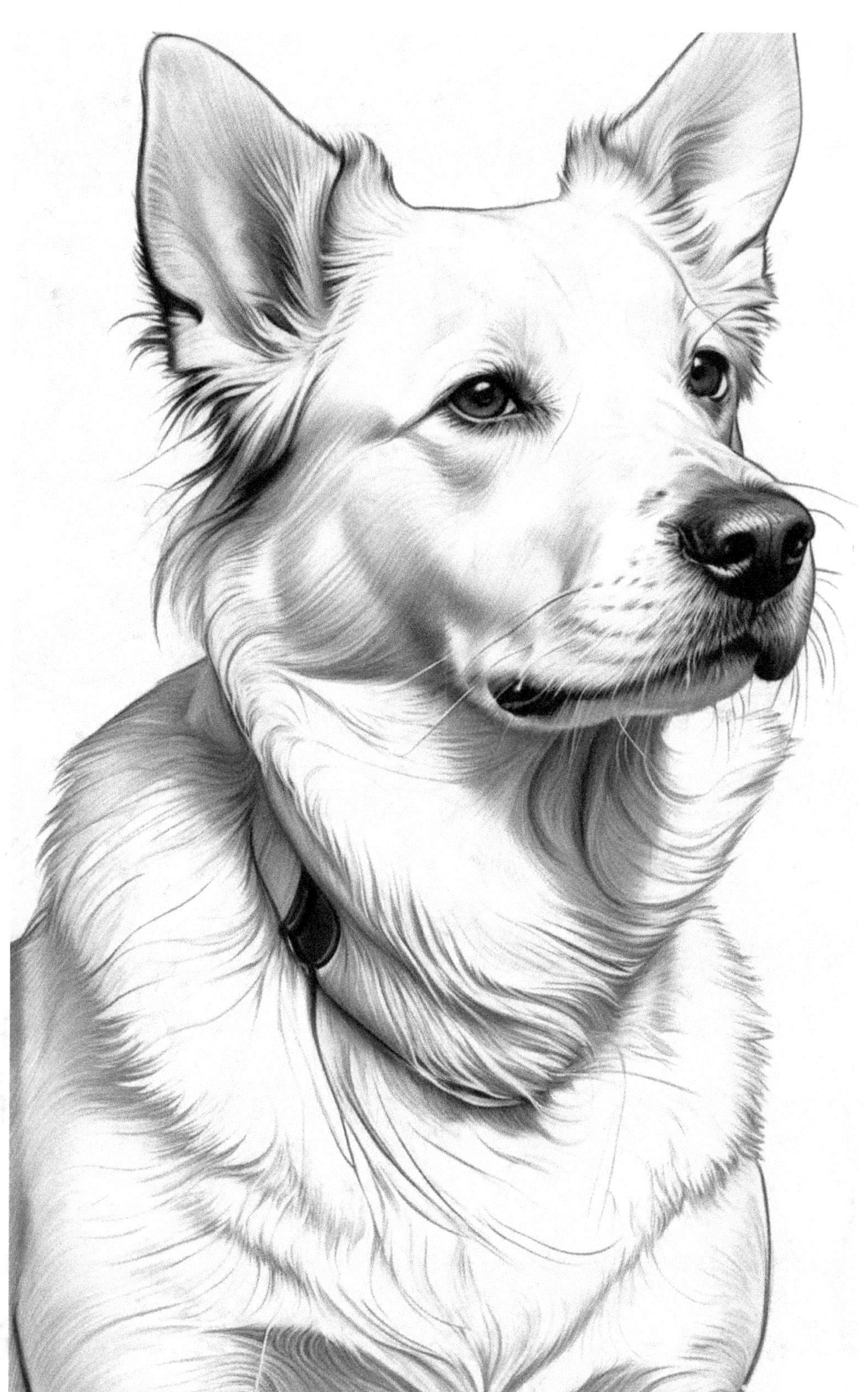

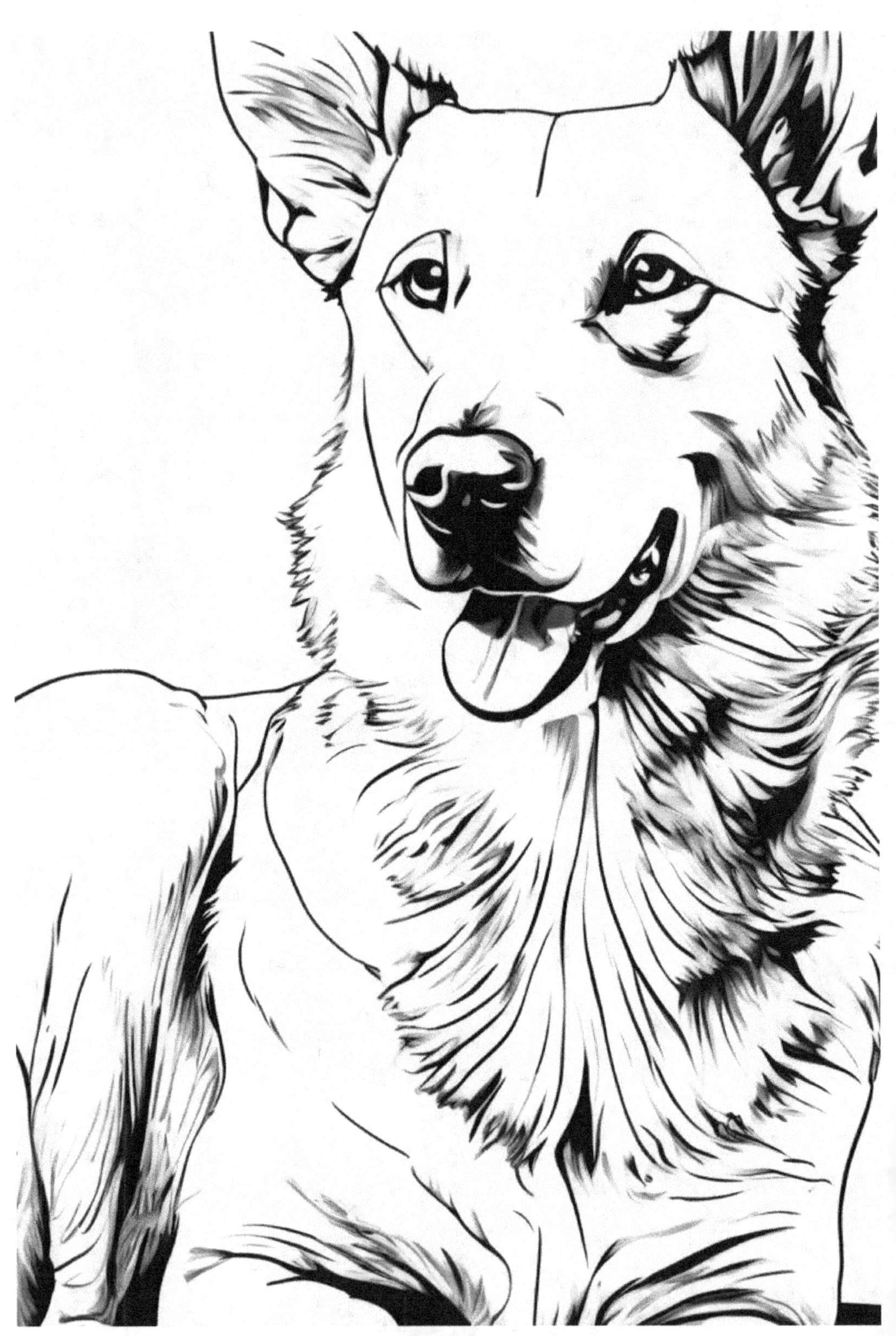

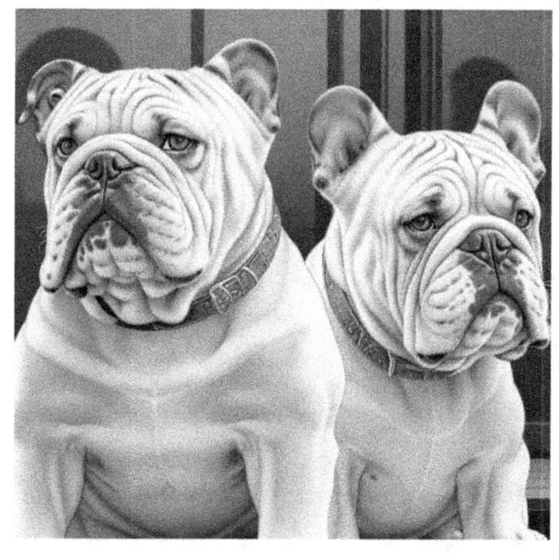
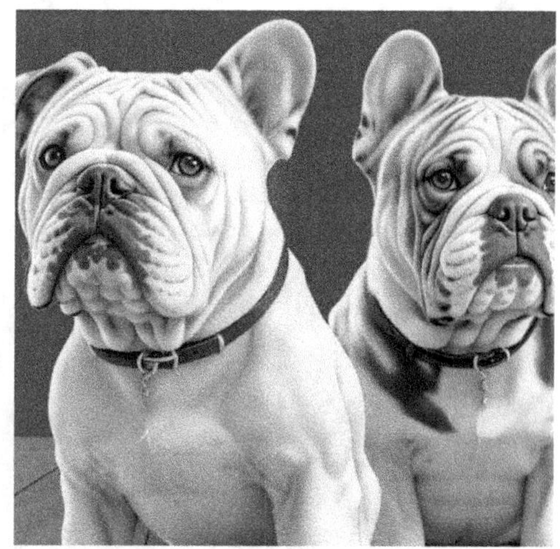
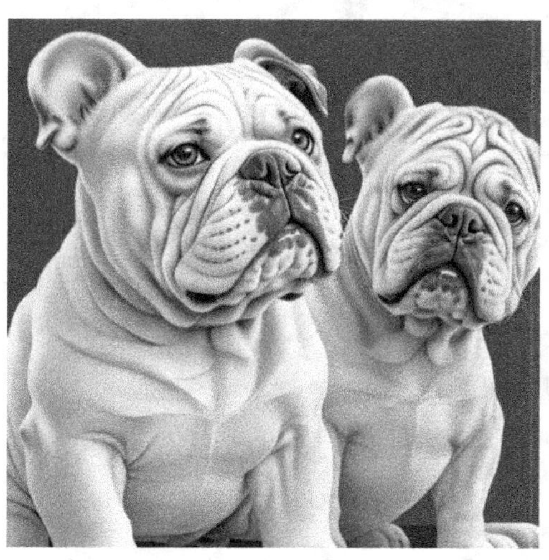
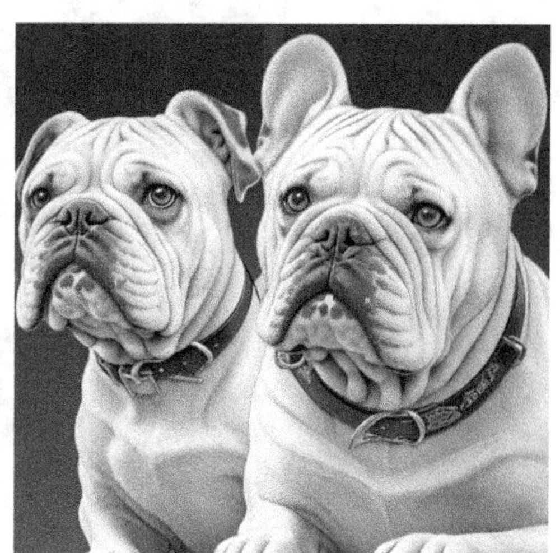
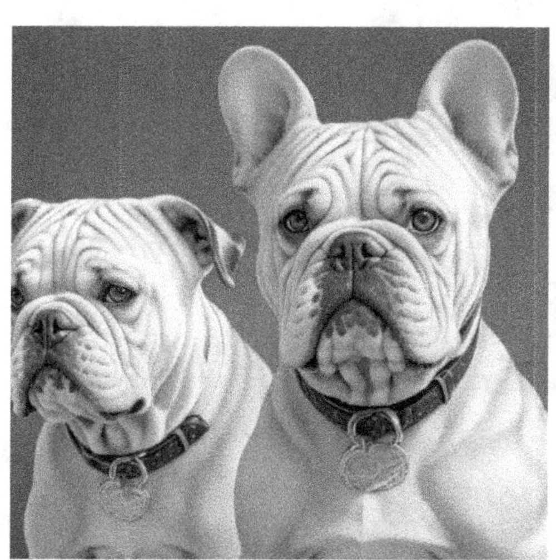
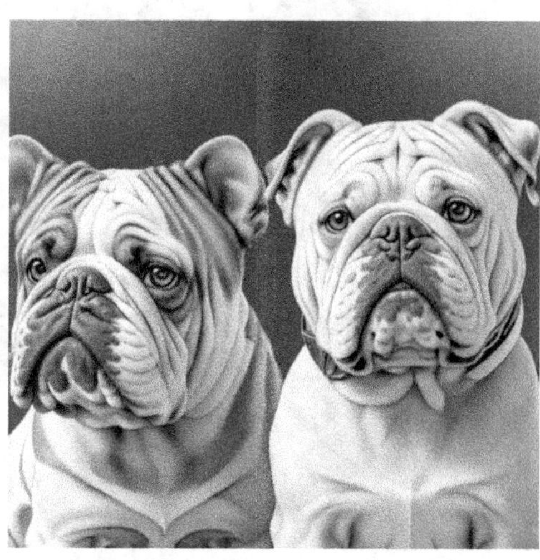

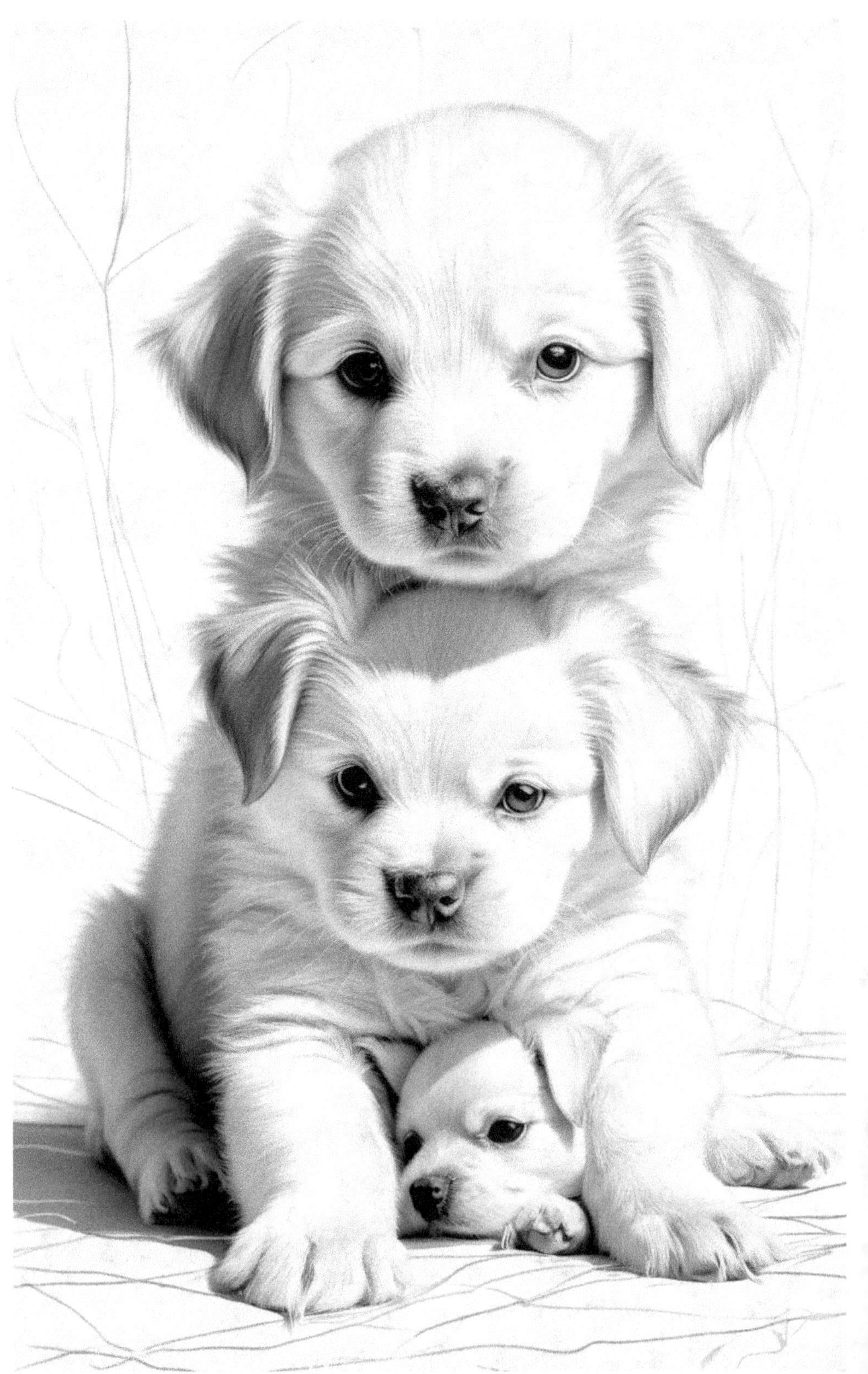

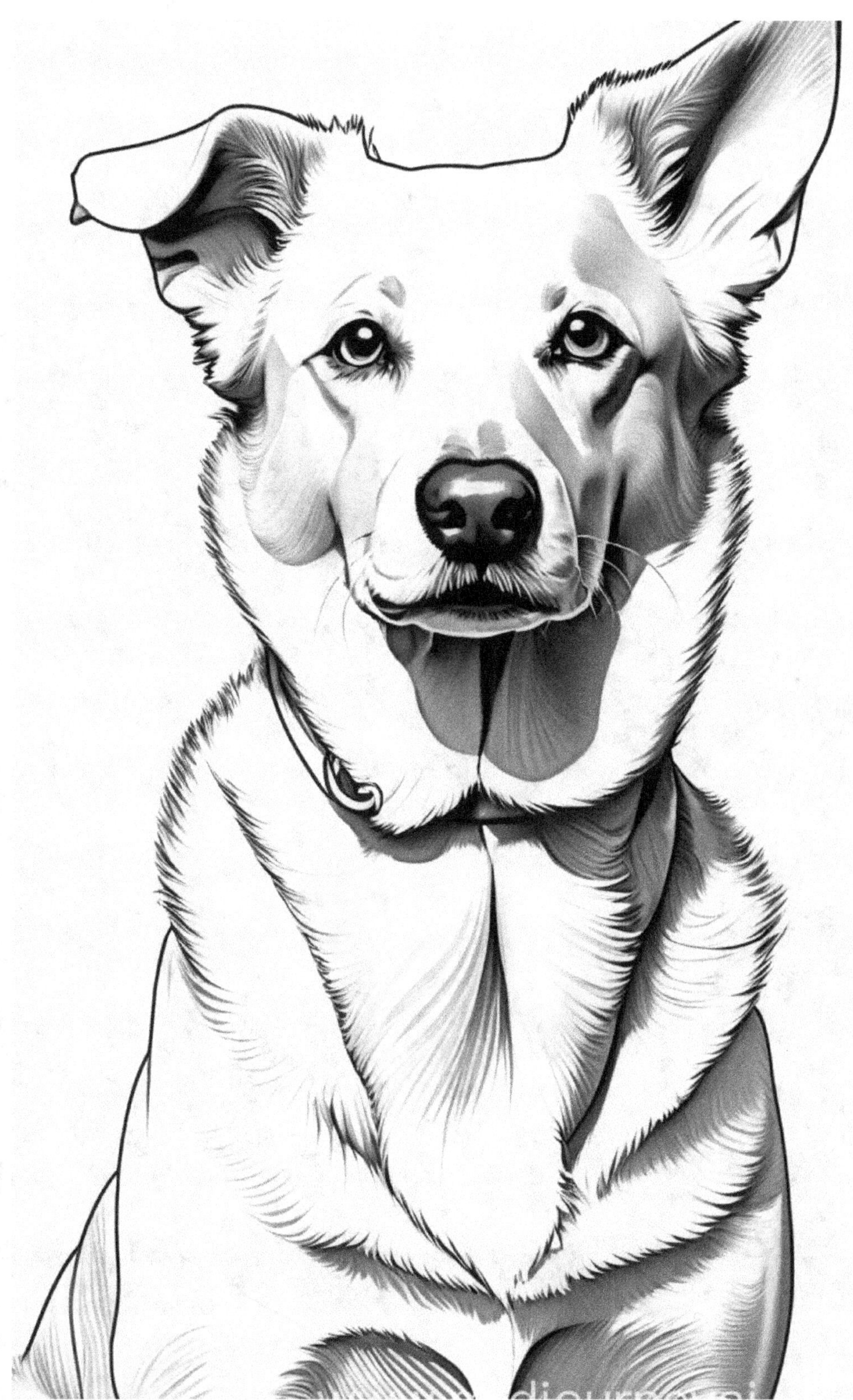

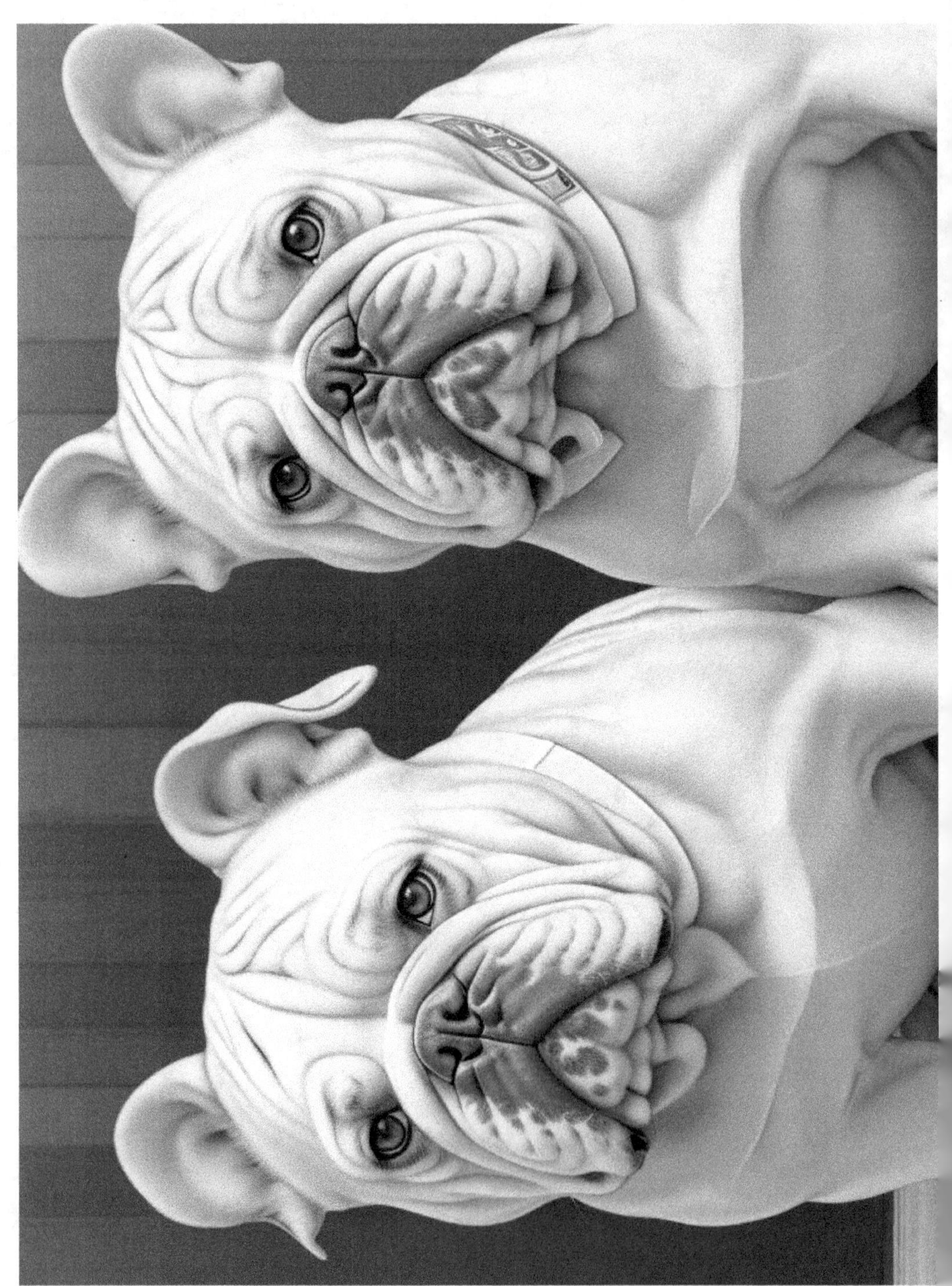

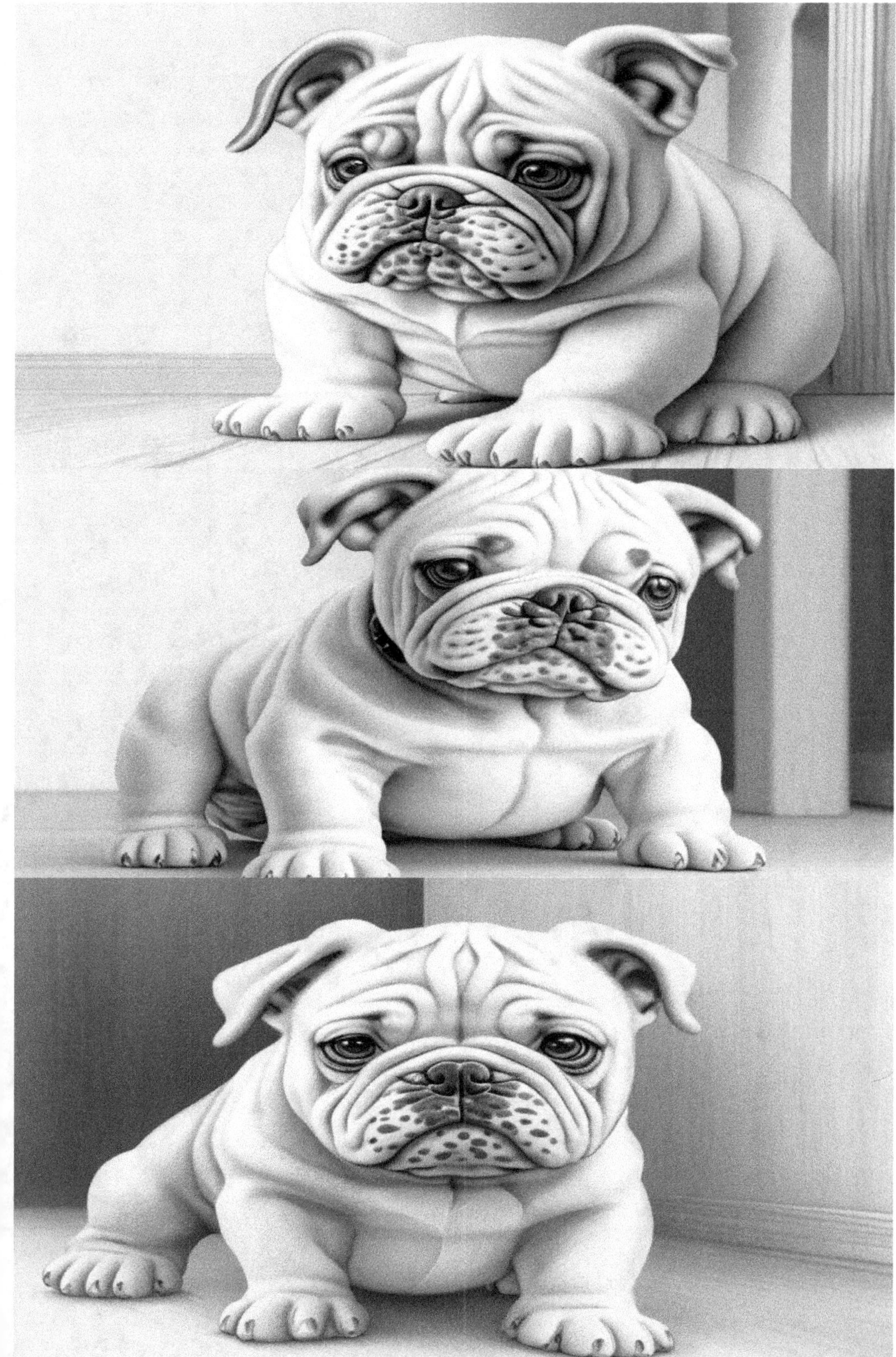

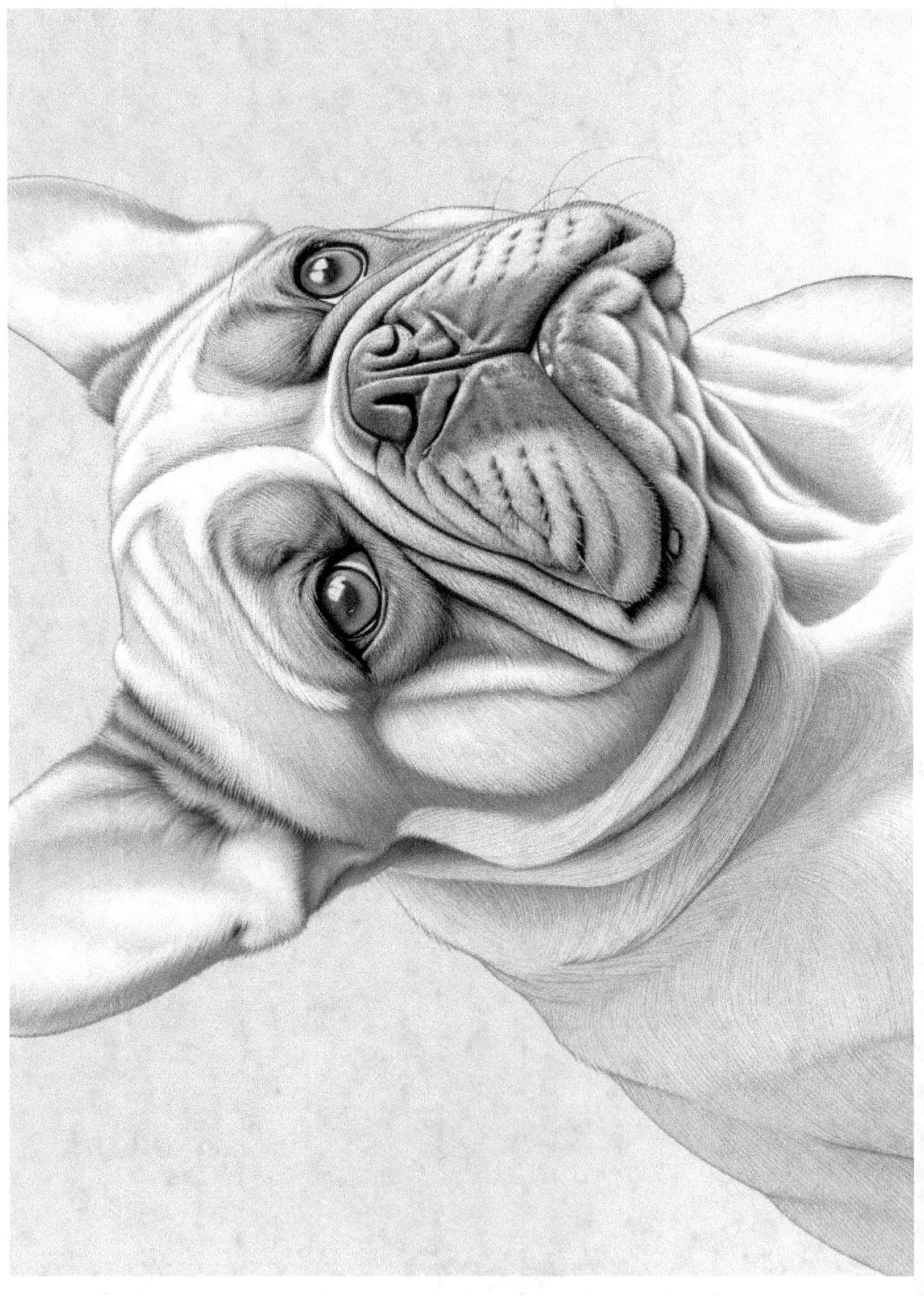